# NUTRIÇÃO PSICOLÓGICA

Dados Internacionais de Catalogação na Publicação (CIP)
(Câmara Brasileira do Livro, SP, Brasil)

Pimentel, Adelma

Nutrição psicológica - Desenvolvimento emocional infantil / Adelma Pimentel. - São Paulo: Summus, 2005.

Bibliografia.
ISBN 978-85-323-0076-8

1. Crianças - Desenvolvimento  2. Emoções em crianças  3. Psicologia do desenvolvimento - Estudos de caso  I. Título.

| 05- 6668 | CDD-155.4 |
|---|---|

Índices para catálogo sistemático:

1. Crianças: Desenvolvimento emocional: Psicologia infatil    155.4

www.summus.com.br

Compre em lugar de fotocopiar.
Cada real que você dá por um livro recompensa seus autores
e os convida a produzir mais sobre o tema;
incentiva seus editores a encomendar, traduzir e publicar
outras obras sobre o assunto;
e paga aos livreiros por estocar e levar até você livros
para a sua informação e o seu entretenimento.
Cada real que você dá pela fotocópia não autorizada de um livro
financia o crime
e ajuda a matar a produção intelectual de seu país.

# NUTRIÇÃO PSICOLÓGICA
## Desenvolvimento emocional infantil

ADELMA PIMENTEL

summus
editorial

NUTRIÇÃO PSICOLÓGICA
*Desenvolvimento emocional infantil*
Copyright © 2005 by Adelma Pimentel
Direitos desta edição reservados por Summus Editorial

Assistência editorial: **Soraia Bini Cury**
Assistência de produção: **Claudia Agnelli**
Capa: **Ana Lima**
Diagramação: **Acqua Estúdio Gráfico**

4ª reimpressão, 2021

**Summus Editorial**
Departamento editorial
Rua Itapicuru, 613 – 7º andar
05006-000 – São Paulo – SP
Fone: (11) 3872-3322
http://www.summus.com.br
e-mail: summus@summus.com.br

Atendimento ao consumidor
Summus Editorial
Fone: (11) 3865-9890

Vendas por atacado
Fone: (11) 3873-8638
e-mail: vendas@summus.com.br

Impresso no Brasil

# AGRADECIMENTOS

Nós, seres humanos, somos fonte inesgotável de alegrias. Nosso cotidiano é revestido do amor do amante e dos amigos, do trabalho que apreciamos, da escuta e da fala coligadas para criar insumos renovados, e dos frutos que geramos com nosso movimento em qualquer forma, filhos, livros, orientandos etc., alguns dos alimentos psicológicos que nutrem, motivam e me estimulam a continuar.

Uma semente boa somente frutifica em terra e insumos oportunos. Neste trabalho, meus outros alimentos e agradecimentos foram:

- O apoio dos alunos das disciplinas teóricas e técnicas psicoterápicas; prática de pesquisa em psicologia clínica e estágio supervisionado, que percorreram comigo um período de suas vidas.
- O voluntariado do pesquisador Sylvio Allan, que me honrou ao mostrar uma atitude não sectária de partidarismo epistemológico.
- O sorriso das pesquisadoras-assistentes, Aline e Amaranta.
- A boa vontade e cooperação de Flávia.
- A participação em reflexões de Ana Maria Digna Rodrigues de Souza e Janari Pedroso.
- O carinho da colega de departamento Silvia Canaan; a semelhança de Sylvio desprovida desses mesmos sectarismos.
- O afeto de Jesus, uma colega de profissão.
- A leitura compreensiva, respeitosa e crítica do capítulo "Nutrição psicológica e desenvolvimento emocional e social", feita por Adriano Holanda.

- A amizade recente de Luciane, fonte de paz, e de Lucivaldo, atual orientando no mestrado em psicologia, marido de brincadeira e amigo solidário que escaneou os desenhos feitos por Amanda, aprimorando a capa do Laboratório de Pesquisas da Subjetividade Infanto-juvenil.
- A participação da odontóloga Elizabeth Yamasaki, e da fonoaudióloga Heloísa Machado.
- A atenção de Mônica, secretária do Sindicato de Odontólogos do Estado de São Paulo.
- Rogério, Regina e Ana Irene, colegas de curso, e a turma de apoio do CEDI/UEPA, que me forneceram conhecimento, consideração e 50% do financiamento da especialização em desenvolvimento infantil.
- As crianças Luiza, Lucas, Larissa, Antonio, Tiago, Glicia, Isabelle e Erlley. As professoras Bernadete, Amélia e Socorro. Ao professor dr. Marconi, diretor do Núcleo Pedagógico Integrado.
- A dedicação de Fernando, o apoio da família e de amigos da cidade morena de Belém do Pará.
- A chegada de Victor Hugo, Vitoca, uma nova criança em minha vida.
- O amor sem fronteiras do Rei das Gerais.
- Paulo, apresentado a mim pelas mãos de um homem sério, seriamente sério que também é humanamente passional.

# SUMÁRIO

*A interdisciplinaridade como anseio necessário no meio acadêmico: um prefácio recomendatório ao leitor das ciências psicológicas* .................................................. 9

*Introdução* ........................................................................ 17

CAPÍTULO 1
Nutrição psicológica e desenvolvimento
emocional e social ........................................................ 23
    Desenvolvimento ........................................................ 24
    Nutrição psicológica .................................................... 26

CAPÍTULO 2
Marcos do desenvolvimento emocional e social ............ 31

CAPÍTULO 3
Transformações recentes na estrutura familiar ............... 41

CAPÍTULO 4
Tratamento de crianças: ludoterapia,
psicoterapia e orientação ............................................. 51
    Ludoterapia ................................................................. 54
    Atendimento fenomenológico-existencial .................. 55

CAPÍTULO 5
A pesquisa ...................................................................... 63
    Caso 1: Quietinha, menina de 7 anos ....................... 68
    Caso 2: Carinhoso, menino de 9 anos ....................... 88
    Caso 3: Chefinha, menina de 9 anos ....................... 101
    Caso 4: Sapeca, menino de 8 anos ........................... 117
    Caso 5: Melodia, menino de 10 anos ....................... 137

*Conclusão* ...................................................................... 151

*Referências bibliográficas* ............................................. 163

# A INTERDISCIPLINARIDADE COMO ANSEIO NECESSÁRIO NO MEIO ACADÊMICO: UM PREFÁCIO RECOMENDATÓRIO AO LEITOR DAS CIÊNCIAS PSICOLÓGICAS

O pensador de todos os ramos do conhecimento deve manifestar anseios pela interdisciplinaridade. Qualquer que seja o pesquisador que aprofunde seus estudos e direcione sua práxis — sua ação cotidiana — de modo interdisciplinar, estará contribuindo com o importante desenvolvimento do conhecimento científico geral e de sua epistemologia. Esse é o caso da professora Adelma do Socorro Gonçalves Pimentel, estimada colega do Departamento de Psicologia Clínica da Universidade Federal do Pará, de quem recebi o irrecusável convite de prefaciar esta fértil obra. A autora discorre com grande propriedade sobre temas diversos — fala do desenvolvimento emocional e social, dos aprendizados humanos, dos problemas alimentares e dos fenômenos odontológicos —, encarnando o verdadeiro espírito do saber que se quer em totalidade.

O momento interdisciplinar consiste justamente em fazermos a "nossa" disciplina se interpenetrar com várias outras, sempre num incessante processo, remando contra a fragmentação do saber, fazendo-as fecundar-se mutuamente num crescendo, por meio das pesquisas e do seu ensino. Vemos que tal interação pode ir de uma singela comunicação de idéias a uma integração de suas concepções, definições, estratégias metodológicas e operacionalizações.

Por intermédio deste livro, o leitor fique advertido ser necessário estabelecer um diferencial com a chamada multidisciplinaridade, pois esta, entendida como uma simples justaposição de disciplinas, visa à consecução de objetivos múltiplos, sem que as façamos interagir a fundo quanto a seus conceitos e métodos, permitindo uma bem-vinda cooperação, mas sem nos ocuparmos em empreender uma coordenação supradisciplinar unificadora. Por sua vez, também não nos atenhamos apenas à prática da multiprofissionalidade, isto é, à ocorrência de atividades realizadas entre profissionais de múltiplas especializações dentro de uma pretensa harmonia e complementaridade, em determinado ambiente de trabalho.

Este trabalho multiprofissional não será, necessariamente, de enfoque multidisciplinar ou interdisciplinar, pois pode envolver profissionais que se ocupam, cada um dentro de seu preparo técnico, de elaborar uma parte de um grande trabalho, sem que para isso utilizem várias disciplinas do conhecimento. E, ainda que isso ocorra, podem não estar imbuídos da preocupação de integrar diferentes concepções para uma grande unidade do saber humano. Assim, por exemplo, num serviço assistencial à saúde, seja ambulatorial seja de internação, os especialistas ali trabalham integrados organizacionalmente, mas não sistematizam programas e/ou envidam esforços no sentido de unir entre si seus conceitos teóricos e métodos de abordagem para prover benefícios globais satisfatórios a determinada clientela, sendo mais marcados por um serviço que compartilha espaço físico e institucional.

Os estudiosos devem estar atentos a alguns fatores que impedem a interdisciplinaridade. Embora a unidade das disciplinas científicas traga inúmeros problemas, trabalhemos idealmente para um saber que procure responder globalmente às exigências do crescente entendimento da natureza e do homem. Infelizmente, poucos são os que de fato aderem eficazmente à proposta da interdisciplinaridade, haja vista uma série de fatores que fazem que os acadêmicos sejam cúmplices em certos agrupamentos. Em primeiro lugar, há os profissionais *desconhecedores*, ou seja, aqueles com informação insuficiente sobre a proposta acadêmica da interdisciplinaridade, o que lhes limita a consciência para a possibilidade de adesão. Depois vêm os profissionais *indiferentes*, que até conhecem formalmente a proposta, mas se mantêm deliberadamente distantes, não havendo identificação pessoal com essa postura — e entendendo que a interdisciplinaridade é estranha ao seu trabalho.

Graves são os profissionais *negligentes*, pois eles conhecem bem ou suficientemente a concepção interdisciplinar, às vezes chegando a manifestá-la em seu discurso (aulas, conferências, publicações), mostrando-se simpatizantes, mas apenas o fazem pelo desejo de ser vistos como academicamente modernos. Não apresentam práxis correspondentes, haja vista não conseguirem dimensionar de forma moderada "sua" área do conhecimento: não abrem mão do desejo de hegemonia de sua disciplina, e assim se atêm a um saber fragmentado. Por fim, temos os profissionais *atuantes*, que conhecem a proposta e integram o campo de estudos e pesquisa em que trabalham com outras áreas do saber. Movidos pela concordância com o ideal do ecletismo das teorias científicas e das abordagens concretas das questões que se lhes apresentam, questionam e combatem as desnecessárias subespecializações.

Para nós, que trabalhamos com as ciências do comportamento humano e das significações psicossociais, defrontamo-nos com a realidade do modelo multiparadigmático. É curioso pontuar que a construção epistemológica da área das ciências psicológicas apresenta historicamente graves problemas. Sob o guarda-chuva dos campos *psis*, cabem domínios teóricos e espaços de prática tão dispersos que fazem seus respectivos pesquisadores e profissionais atuantes se aproximar mais de áreas científicas vizinhas do que permitir ou estimular que interajam entre si. Desse modo, um profissional da psicologia social, por exemplo, fala mais de perto a linguagem do sociólogo, enquanto se distancia, por sua vez, do profissional da psicologia hospitalar, que mantém uma melhor interlocução com o médico.

Em outra situação ilustrativa, vemos o psicólogo experimental (da psicobiologia) entender-se bem com o fisiologista, sendo no entanto um estranho para o psicólogo clínico, que, por sua vez, pode estar bem próximo do psicanalista. Em outra posição, o profissional da psicologia educacional (do ensino e da aprendizagem) partilha modelos com o pedagogo; contudo, não se encontra com o psicólogo atuante na área de recursos humanos, o qual vem a acertar-se com seus colegas das ciências da administração. Porém, quem investiga psicologia cognitiva troca impressões com o neurologista, que está à parte do psicólogo do trabalho, o qual intercambia idéias facilmente com o profissional da área de saúde pública.

A *unificação dos referenciais* num grande quadro teórico é uma necessidade para termos em mãos um conjunto de conhecimentos satisfatórios para, dessa forma, sobrepormos os obstáculos naturais da práxis da interdisciplinaridade no contexto universitário. Na grande sala, em frente a uma platéia, professores e pesquisadores defendem a interdisciplinaridade. Na pequena sala com seu grupo, ou nos corredores e no bar com colegas, entretanto, tramam contra ela e continuam na busca da superespecialização e da fragmentação do saber.

A concretização ampla das idéias da interdisciplinaridade emperra em dois *obstáculos*. O primeiro, de natureza psicológica individual, faz que os acadêmicos procurem ancorar-se restritivamente no pensamento de um autor ou num pequeno grupo destacado de autores afins. O outro obstáculo, de natureza ideológica, faz que evitem utilizar conhecimentos gerados por outros grupos de colegas, pois são regidos pelo princípio de sonegar uma colaboração que implique o aumento do espaço político daqueles que são avaliados como rivais (manifestos ou em potencial).

Para superar o primeiro obstáculo à interdisciplinaridade, professores e pesquisadores devem assumir interiormente suas fragilidades pessoais e o caráter de transitoriedade de suas idéias (coisa difícil). Paradoxalmente, devem ter coragem de enfrentar a insegurança e certa solidão de não pertencer a circunscritos grupos de cientistas ou pensadores que funcionam como líderes e donos da verdade. Passar a crer que incontáveis são os domínios e as áreas do conhecimento que possam ser usados na discussão de uma questão-problema que se lhe apresenta, bem como utilizar tais conhecimentos como ferramentas, dá a sensação de estar solto no ar, situação que é geradora de angústias e ansiedades (diz-se que a liberdade traz medos...). Ainda mais: ser seguidor de "uma só" ciência ou cultuar a personalidade de "um só" cientista-guia vem acompanhado de mecanismos aparentemente pouco problemáticos de identificação maciça com o seu expoente (figura forte) e com a "turma" a que se agrega.

Para superar o segundo obstáculo, professores e pesquisadores deverão transgredir regulamentações psicossociológicas e romper ideologias sectaristas (difícil, pois seus seguidores não as ajuízam como sectaristas). Deverão ter uma atitude coerente com a crença de que outros grupos também detêm conhecimentos, nem menos nem mais certos, mas potencialmente úteis. Isso quer dizer, por exemplo, parar de boicotar atividades científicas efetuadas muitas vezes por colegas da própria instituição onde trabalha. Essa decisão é de natureza emocional-intelectual e implica superar tal soberba (orgulho excessivo é marca de acadêmicos) que realmente vem a enrijecer sua inteligência por conta das ambições políticas no complexo universo da academia.

Toda a comunidade científica deveria entender que importante não são os objetos de estudo em si, tomados de modo estanque, mas o espaço lúdico que os envolve, sem que os objetos sejam um foco obsessivamente tomado pelo estudioso. No ensino que a universidade oferece, as disciplinas são apresentadas em separado, o que antipedagogicamente nos faz pensar a ciência (e a vida) como uma realidade tomada e entendida por áreas independentes.

Ramos do conhecimento separados e, pior, hierarquizados, ensinam erroneamente que o saber é feito de agrupamentos de pensamentos desligados, e a universidade, de departamentos apartados (e a vida, de grupos sociais afastados); ensinam também que há ramos mais "sagrados" que outros, acirrando espíritos de afrontamento e competitividade. Quadros teóricos utilizados em momentos e tempos fixamente definidos deseducam o pesquisador, fazendo-o trabalhar como se os saberes funcionassem bem na condição de compartimentos estanques. Invocar a interdisciplinaridade é uma tentativa de emendar os danos anteriores realizados por visões fragmentárias, nascendo do cântico de lamentação de que os iniciantes (bem com os veteranos) não alcançaram a integração do conhecimento.

Este texto é um exemplo da possibilidade do diálogo científico que revela que, na Universidade Federal do Pará e na Unicamp, eu e a professora Adelma do Socorro Gonçalves Pimentel estamos articulando lúdica e afetivamente nossas vozes em prol de uma organização da transmissão de saberes que serve ao outro, pois o melhor que podemos oferecer aos discentes que entram e saem de nossas vidas é o ensino e a aprendizagem de que somos sementes da abertura e do respeito pela diversidade.

*Egberto Ribeiro Turato*
Coordenador do Laboratório de Pesquisa Clínico-qualitativa da Faculdade de Ciências Médicas da Universidade Estadual de Campinas (Unicamp)

# INTRODUÇÃO

Como os pesquisadores e psicólogos que se dedicam à área do desenvolvimento conhecem a evolução das principais questões nesse campo — entre outras, a discussão sobre a *importância da natureza ou do meio ambiente para o desenvolvimento* (atualmente, cada uma dessas posições também se desdobra, agregando, respectivamente, contribuições teóricas da genética e da ecologia); a proposição de uma *abordagem interacionista entre natureza/maturação e meio ambiente* (sustentando dois argumentos: padrões de interação normativos ou variações interacionais entre crianças); e a *natureza da mudança desenvolvimental* (que evoca o debate entre qualidades e quantidades) [Bee, 1996] —, neste trabalho, não tomaremos o caminho de narrar e procurar validação para nenhuma dessas controvérsias.

Percorreremos a trajetória de situar indicações bibliográficas e autores que as examinam. Outro critério será escrever sobre o desenvolvimento emocional e social, considerando-o um processo que interliga o crescimento de todos os sistemas que formam o ser humano, procurando identificar alguns dos alimentos psicológicos e sociais que dão sustentação ao desenvolvimento.

As preocupações dos pesquisadores da psicologia do desenvolvimento na atualidade dizem respeito, entre outros temas, à importância de reformular a concepção do bebê como um ser totalmente passivo — e à ampliação da responsabilidade do provimento afetivo dos bebês. Sob essa perspectiva foi criada a categoria conceitual *cuidador*, para referir-se aos que respondem pela educação e pelo desenvolvimento das crianças e dos adolescentes: pais, professores e profissionais da área da saúde.

Bowlbi (1984, *apud* Piccinini *et al.*, 1995), Fremmer e Grossman (1988), entre outros, consideram os cuidados físicos, o papel da cultura na prescrição de técnicas de cuidar e o contexto socioeconômico importantes para a formação do padrão de comportamento materno. Appelbaum *et al.*, (1988, *apud* Piccinini *et al.*) estudam os sentimentos de inadequação e insegurança de mães primíparas; Mazer e Stoleru (1990, *apud* Piccinini *et al.*) têm pesquisado a capacidade discriminativa de sabores primários (doce, salgado, ácido e amargo) que os bebês apresentam, concluindo que estes preferem os sabores doces. Esses autores têm investigado, no campo das interações, a fantasmática materna e paterna, isto é, o lugar que a criança prestes a nascer ocupa no imaginário familiar.

Winnicott (1975) correlacionou seus estudos de psiquiatria à pediatria e à psicanálise, dando-lhes uma feição singular e contribuindo para a compreensão da subjetividade dos bebês, por meio de observações diretas e indiretas.

Marshall (1989:70), pesquisando as respostas do bebê, identificou seis estados de consciência relacionados à vigília e ao sono: sono tranqüilo, sono ativo, inatividade alerta, alerta ativo, choro, torpor e transição entre sono e vigília. Além disso, o autor investigou as funções visual, auditiva, bem como tato, paladar e o padrão do movimento dos bebês relacionado às práticas culturais e grupais, chegando à conclusão de que "os bebês orientais são menos ativos ao nascer que os de outros grupos".

Em síntese, os suportes teóricos das teorias de desenvolvimento são fornecidos por matrizes biológicas, de aprendizagem, psicanalíticas, cognitivo-desenvolvimentais e fenomenológico-existenciais.

# Nutrição Psicológica

Em uma perspectiva fenomenológico-existencial, pensamos que, para crescer emocionalmente felizes, as crianças precisam de cuidadores e de alimentos psicológicos que satisfaçam suas necessidades afetivas, pois estas sustentarão a inserção social ajustada e criativa, bem como as aprendizagens cognitivas, em prol da realização do processo saudável e completo dos campos em desenvolvimento: físico, motor, lingüístico etc.

No Laboratório de Pesquisas da Subjetividade Infanto-juvenil estamo-nos debruçando sobre o desenvolvimento emocional e social de crianças, revisando a literatura, pesquisando, orientando pais, supervisionando estagiários, participando de congressos e atendendo crianças em ludo ou psicoterapia. Rever a literatura tem a intenção de delinear o pensamento geral acerca da temática que constitui a linha de pesquisa do laboratório, a fim de oferecer aos profissionais da educação e saúde, bem como aos pais, um material bibliográfico atualizado e de apoio às questões relativas ao universo infantil. Pesquisar permite identificar soluções novas, marcas singulares do grupo estudado, e responder aos problemas que surgem nas situações de triagem, psicodiagnóstico informal colaborativo e interventivo, e na supervisão de estágio.

Orientar os pais é uma das propostas mais importantes do laboratório, pois: a) amplia-se o número de gravidezes precoces em adolescentes cuja maturidade emocional tem-se mostrado insuficiente para prover cuidados a um bebê; b) o modelo familiar nuclear mostra-se fraturado pelas interferências das pressões que o capital econômico internacional impõe aos governos dos países da América Latina e do Brasil em especial, cujas políticas sociais estão sendo elaboradas de modo a dividir com a sociedade mais ampla e as ONGs as responsabilidades de prover a saúde e a educação das famílias; c) há o empobrecimento da população; d) falta trabalho e aumenta o número de separações e divórcios, com as mulheres passando a chefiar as famílias.

Esclarecer é outro objetivo prioritário, uma vez que são inúmeros os problemas que geram desajustamentos psicossociais e precisam ser enfrentados por uma equipe multiprofissional. Além dos citados, preocupa-nos a violência física e psicológica praticada entre familiares contra mulheres e crianças, e também a supressão dos valores relacionados à ética do cuidado e à ecologia humana. Participar de congressos científicos de psicologia da saúde e familiar possibilita estabelecer trocas profissionais, bem como difundir a riqueza de conhecimento gerada, que não pode e não deve ficar guardada entre os muros da universidade.

Facilitar e acompanhar crianças individualmente e em grupo nos orienta quanto à seleção dos procedimentos mais valiosos para atender às queixas e promover ajustamento criativo e saudável. Supervisionar psicólogos em formação é uma tarefa imprescindível para o aprimoramento dos profissionais que logo estarão no mercado atuando de modo eficaz, ético e qualitativo.

Este livro está organizado em cinco capítulos, além da conclusão e das referências bibliográficas. No primeiro capítulo abordamos as teses sobre o desenvolvimento elaboradas em Perls (1975, 1997), procurando atualizá-las de acordo com as contribuições da psicologia do desenvolvimento e as observações e reflexões por nós elaboradas em nossos atendimentos a crianças e famílias. Assim, oferecemos aos colegas Gestalt-terapeutas um texto que propõe concepções de metabolização e nutrição psicológica para orientar novas reflexões e atualizações teóricas. Tais reflexões são fundamentadas pela interface da psicologia com a odontologia.

No segundo capítulo apresentamos algumas características do desenvolvimento emocional e social, mostrando como o bebê vai evoluindo de uma postura ativa, porém instintiva, para outra perceptiva e intencional, na qual recorre a diversas linguagens e ao desenvolvimento cognitivo para constituir-se como subjetividade e conhecer a cultura em que vive: normas, valores, instituições etc. Desenvolvimento emocional refere-se ao auto-ajustamento e à constituição da subjetividade, bem como ao ajustamento do Eu no mundo e em relação às outras pessoas. Desenvolvimento social compreende o aprimoramento da consciência intencional e relacional, bem como a formação do sistema ético da criança. Ambos realizam-se como processos que abrangem todos os demais sistemas orgânicos — motor, neurológico, lingüístico etc. — para que o bebê, a criança pequena, o pré-adolescente e o adolescente bem amados e orientados, isto é, nutridos do ponto de vista psicológico, social e orgânico, se transformem em adultos felizes. No terceiro capítulo situamos algumas contribuições acerca das recentes transformações que a família vem sofrendo: o moderno modelo nuclear passa a conviver com outras formas de organização pós-modernas, como a entidade familiar reconhecida pela Constituição Federal de 1988, as migrações de crianças entre diversos núcleos pelos casamentos e recasamentos de seus genitores etc.

A década de 1960 é o período cronológico a que nos referimos para examinar o papel da mulher e sua inserção na vida pública, o exercício do direito à posse do próprio corpo e da sexualidade, a redefinição da identidade, a política pública das microssolidariedades e a função paterna. A importância deste capítulo está em oferecer aos profissionais de saúde e aos cuidadores de crianças e adolescentes pistas para a realização de uma avaliação eficaz da queixa relacionada a crianças. O quarto capítulo narra uma síntese histórica do campo do atendimento infantil, diferenciando as abordagens do psiquismo em ludoterapia, psicoterapia lúdica e orientação. Também descreve mais detalhadamente a modalidade fenomenológico-existencial, apresentando duas autoras internacionais clássicas: Oaklander (1980) e Axline (1984). No cenário nacional, mostra as contribuições de Fernandes (1995), Zanella (1992), Feijoo (1996) e Pimentel (2003).

No quinto capítulo descrevemos o delineamento da pesquisa clínico-qualitativa sobre relações entre mastigação, alimentação e desenvolvimento social e emocional de crianças de 7 a 10 anos, realizada em uma escola do ensino fundamental na cidade de Belém, estado do Pará, com cinco crianças, duas meninas e três meninos, que serão apresentados pelos codinomes Melodia, Quietinha, Chefinha, Carinhoso e Sapeca. Na pesquisa, recorremos a um enfoque multiprofissional, incluindo avaliação fonoaudiológica e odontológica, e a um conjunto de procedimentos para obter um retrato mais próximo da fenomenologia da experiência das crianças: observações na escola; entrevistas com as mães, as crianças e a professora; avaliação da expressão projetiva por meio do CAT-H; aplicação de um formulário criado por nós para identificar as necessidades orgânicas e psicológicas — Você tem fome de quê?

Finalizando o material, tecemos algumas conclusões alinhavando os achados nos campos de desenvolvimento emocional, social e de nutrição psicológica; apontamos também novas questões de pesquisa e indicamos profissionais que, embora ainda não estejam publicando, atuam como Gestaltterapeutas infantis.

CAPÍTULO 1

# Nutrição psicológica e desenvolvimento emocional e social

Considerando que o desenvolvimento emocional e social saudável é fruto de um conjunto de aprendizagens informais (casa) e formais (escola), examinaremos neste capítulo um aspecto desse todo, que é a influência da mastigação e da digestão orgânica sobre a nutrição psicológica, entendida como o provimento de alimentos afetivos indispensáveis para a formação da auto-estima e do autoconceito saudáveis, além da capacidade de reconhecimento do outro.

Nossa hipótese principal é que, se em seu desenvolvimento emocional a nutrição psicológica da criança for consistente, haverá uma consolidação forte, criativa e saudável da auto-estima, bem como do conceito e da imagem corporal.

Outra hipótese é que, ao identificar *o que* é a fome psicológica e *como* é gerada, poderemos contribuir para o diagnóstico e tratamento psicológico dos transtornos alimentares, uma vez que, em suas manifestações, estes, muitas vezes, não possuem um substrato orgânico, mas constituem-se como deslocamentos ou sintomas de questões psicossociais mais primárias. Vale ressaltar que, contemporaneamente, os transtornos alimentares são uma questão de saúde pública, como, por exemplo, a obesidade.

Esse campo de estudo requer uma postura de interlocução, pois as questões citadas — desenvolvimento, mastigação e alimentação — dizem respeito a três grandes campos do saber: psicologia, odontologia e nutrição. É na interseção dessas áreas que nossas reflexões se inscrevem.

## DESENVOLVIMENTO

A concepção de desenvolvimento que será examinada e tomada como base para o ensaio de revisão conceitual está localizada em Perls (1975, 1997), que afirmou que o nascimento dá início à contínua tarefa existencial do ser humano de manter-se vivo, cabendo ao bebê, embora dependa da mãe, realizar o "mordisco de dependência", ou seja, o papel ativo que antecede a mastigação. Com o nascimento dos dentes, a função ativa aumenta, e a criança aprende a morder o peito da mãe, alcançando duas possíveis resoluções para esse ato: a) ou inibe o morder (generalizado) por ser repreendida fisicamente inúmeras vezes pela mãe, o que culmina em uma aprendizagem adoecida que instala um não tão freqüente "trauma da retribuição" ou a menos grave "frustração traumática"; b) ou é orientado a morder (não o peito da mãe) como forma de realizar o impulso que será importante para o desenvolvimento das funções e fronteiras do Eu, e para o crescimento psicológico saudável e criativo.

Perls (1975:144) associou o desenvolvimento do instinto de fome ao desenvolvimento dentário, cujos estágios são: a) pré-natal, antes do nascimento; b) pré-dental, mamar; c) dental, incisivo, morder; molar, morder e mastigar. Afirmou também que "a fome de alimento mental e emocional se comporta como a fome física", e que a capacidade para mastigar e desestruturar alimentos é uma saída biológica natural para o crescimento saudável, bem como para a utilização adequada da agressão biológica, função responsável pelo contato emocional real entre homem e mundo.

Essas configurações nos levam a compreender que o desenvolvimento emocional e social saudável ocorre quando a criança é orientada para manter-se ativa, aplicando os dentes e a agressividade positiva na desestruturação do alimento mental. Na perspectiva do autor, a oralidade tem um papel destacado no desenvolvimento da personalidade.

A significação de atitude agressiva a que nos referimos é dinamismo, energia, força (Ferreira, 1977). Excluem os significados negativos como "disposição para condutas destrutivas, hostis, fixadas e alimentadas pelo acúmulo de experiências frustradoras" (Perls, 1997: 65). Esse autor considerava que o comportamento anti-social e a agressão destroem os costumes, as instituições e as pessoas, sendo originados quando a criança é continuamente inibida em suas atividades de expansão do Eu, avolumando, conseqüentemente, medos, ressentimentos, insegurança, violência, submissão, perda de contato, raiva reprimida etc.; enquanto a atitude agressiva positiva indica que o apetite, a cognição e o comportamento motor atuam de maneira integrada, desestruturando os alimentos psicológicos e sociais em favor do desenvolvimento criativo.

Acreditamos que é importante rever a tese do metabolismo dental visando à atualização das elaborações pensadas nos anos 1950, uma vez que, no campo dos estudos sobre o desenvolvimento, os autores que pesquisam o tema têm dado contribuições valiosas acerca do funcionamento biopsicossocial em todas as faixas etárias. Por exemplo, os estudos de Marshall (1989) nos informam sobre a mudança na concepção do bebê como um ser cuja existência era meramente reflexa, para abordar as atividades da consciência nos estados de sono e vigília.

## NUTRIÇÃO PSICOLÓGICA

Refletindo sobre as proposições de Perls (1975), elaboramos algumas idéias, pensando em estabelecer correlações entre os processos orgânicos da mastigação e digestão e os processos da nutrição psicológica. Assim, formulamos as categorias *metabolização* e *nutrição psicológica* para distinguir os processos digestivos orgânicos, particularmente a mastigação, primeiro movimento que inicia a digestão alimentar, por meio da ação dos diferentes tipos de dentes — incisivos cortando, caninos rasgando e molares triturando — e dos processos psicológicos que contribuem para a configuração e reconfiguração do Eu.

No processo de metabolização psicológica, os dentes emprestam a qualidade de suas funções às ações do Eu; contudo, tais qualidades não são associadas a uma estrutura psíquica, a um órgão, como, por exemplo, a boca, responsável pela mastigação. A analogia é oferecida pelos atributos dinâmicos operacionais do sistema digestivo — modo de quebrar os alimentos em partes. Logo, para haver nutrição psicológica saudável, faz-se necessário cortar, rasgar e triturar as orientações e informações contidas nos padrões de socialização da cultura em que a criança vive — e que orientam as formas de expressividade e reconhecimento do outro.

A metabolização na dinâmica da nutrição psicológica é caracterizada pelas etapas: a) apreciar e classificar as necessidades, os alimentos e modos como os cuidadores oferecem os alimentos; b) identificar o poder organísmico; c) alimentar-se de substâncias nutritivas para a independência psicológica, que se baseia na formação de auto-estima e autoconceito fortes; d) reconhecer a subjetividade e a alteridade como instâncias independentes, porém relacionadas.

Em uma perspectiva odontológica, Leite (2002) afirma que a mastigação é um conjunto de fenômenos estomatognáticos, que visam à degradação mecânica dos alimentos, isto é, à trituração e moagem, transformando-os em partículas pequenas. Ela envolve três fases: incisão, trituração e pulverização. O padrão de mastigação normal consiste em alternar o alimento de um lado a outro na boca, preparando-o, assim, para a deglutição.

Toledo (2002) informa que a cronologia eruptiva, pelo método de Karber, se dá com o surgimento do incisivo central (por volta dos 9,47 meses em meninos e 10,37 meses nas meninas); do lateral (11,21 meses nos meninos e 12,17 meses nas meninas); do canino (18,18 meses nos meninos e 18,85 meses nas meninas); do 1º molar (15,62 meses nos meninos e 15,19 meses nas meninas) e do 2º molar (26,72 meses nos meninos e 24,41 meses nas meninas).

Silva Netto (2003: 30-31) comenta que a deglutição "é um processo complexo dividido em quatro fases: preparatória oral, oral, faringiana e esofagiana [...] e que o ato da deglutição [...] pode ser interrompido pela falta de função, ou disfunção, de qualquer componente neuromuscular entre ou dentro da fase de deglutição [...]". Dos 4 aos 6 meses de idade, alimentos sólidos eliciam ação de pressão da língua, seguida por deglutição. A mordida rítmica ocorre entre os 7 e os 9 meses de idade, e a atividade dos músculos faciais é menos proeminente. O esforço mastigatório aumenta após os 12 meses, coincidindo com o aparecimento dos dentes. Nessa idade, a eficiência da mastigação é baixa. Ela aumenta aproximadamente 40% do nível do adulto (Schwartz *et al.*, 1894: 32, *apud* Silva Netto, 2003). Crianças e adolescentes tendem a engolir seu alimento e a deglutir grandes porções, mas seu sistema digestivo é capaz de manusear esses grandes pedaços de alimento.

Considerando: a) que a eficiência da mastigação "aumenta aproximadamente 40% do nível do adulto aos 6 anos e não alcança o nível adulto até os 16 anos"; b) que as crianças e os adolescentes tendem a engolir seu alimento e a deglutir grandes porções, pois o seu sistema digestivo é capaz de manusear grandes pedaços de alimento (Silva Netto, 2003: 32); c) que os bebês iniciam o processo de alimentação sugando, o que antecede o ato de morder, mastigar e digerir, crio a hipótese de que a nutrição psicológica é um processo mais lento que o orgânico, uma vez que depende de cuidadores que ofereçam alimentos e meios de aprendizagem voltados para a autonomia.

Baseando-me em Piaget (1976), para quem o desenvolvimento cognitivo só atinge a etapa do raciocínio abstrato no adolescer, suponho que a nutrição psicológica se refine, isto é, se atualize, pois a criança não realiza plenamente a metabolização psicológica do alimento mental, uma vez que opera cognitivamente no plano sensório-motor de operações concretas — e também por motivos culturais, educacionais e instrucionais, pois não recebe a orientação básica de preparar-se para exercitar sua vontade (algo que difere da falta de limites trazida pelo mimo). Entretanto, embora os processos cognitivos de abstração estejam vinculados à adolescência, é importante compreendê-la como vivências de um conjunto de transformações subjetivas corporais e sociais. Este enfoque permite considerar que a construção efetiva dos processos cognitivos está vinculada a um *continuum* de aprendizagens iniciadas na infância em casa, na escola, em meio à turma de amigos, com os entes significativos e de confiança.

A nutrição psicológica da criança será mais saudável quanto mais ela aprender a mastigar, cortar, engolir e expelir os alimentos com base no critério da auto-avaliação e da escolha de apreciar e rejeitar o sabor ou a textura de um alimento. O resultado dessa aprendizagem é uma expressão do Eu mais livre das pressões para uniformizar o gosto e a capacidade de escolher. Assim, o(a) adolescente se movimentará no mundo revelando segurança e auto-estima sólidas. Na seqüência, a aprendizagem da desestruturação dos alimentos produzirá adultos que praticam a independência, a autonomia e a capacidade para escolher dizer sim ou não, de acordo com o contexto existencial.

Em síntese, crianças bem nutridas psicologicamente talvez enfrentem os limites impostos pela cultura branca que nega a elas e aos idosos o direito de falar expressando-se livremente, pois o mundo da palavra valorizada e da produção ainda é dos adultos com menos de 65 anos de idade.

Crianças orientadas para crescer psicologicamente saudáveis são alimentadas por indicações familiares e sociais de que elas podem comer, mastigar, engolir ou expelir sem prejuízo às suas interações afetivas. Em tais aprendizagens, as qualidades dinâmicas da mastigação, a práxis da agressividade positiva, a metabolização e a nutrição psicológica contribuem para o desenvolvimento de perfis infanto-juvenis e adultos autônomos, cujas posturas existenciais estão voltadas para a expansão das fronteiras de contato.

Quando o contato é realizado no modo adoecido, isto é, quando as fronteiras se mantêm rígidas, contraídas cronicamente, é preciso identificar o que está acontecendo. A relação terapêutica é um importante fator de cura. Assim, é necessário ter em mente que essa relação efetiva-se como um encontro genuíno, amoroso e dialógico, no qual é oferecida ao cliente a oportunidade de encontrar-se com outra pessoa — o terapeuta. O envolvimento pleno de contato entre terapeuta e cliente, como seres humanos, cria as possibilidades de ampliação da *awareness* (uma modalidade especial de conscientização) do cliente, facilitando (conforme o momento de cada um) o processo de "vir-a-ser" de ambos.

Em se tratando de atendimento infantil, o psicoterapeuta observa, acompanha e intervém com os menores, incluindo sempre os pais ou responsáveis pela criança. Os teóricos do modelo sistêmico de terapia familiar lembram que o membro sintomático na família é apenas um representante circunstancial de alguma disfunção no sistema familiar. Tal princípio está de acordo com a idéia de que as ações e os comportamentos de um dos membros influenciam e são simultaneamente influenciados pelos comportamentos dos outros (Calil, 1987). No atendimento psicoterápico infantil, a criança é quem faz o papel de "bode expiatório", pois é ela quem geralmente apresenta os sintomas que fazem que seus responsáveis procurem auxílio.

CAPÍTULO 2

# Marcos do desenvolvimento emocional e social

Embora haja uma diversidade de classificações usadas para periodizar o desenvolvimento, a abordagem em estágios é apenas um artifício acadêmico, pois as mudanças sofridas pela criança são tanto quantitativas quanto qualitativas. Assim, para delinear o capítulo, as indicações das fases serão apenas referências para descrever o conhecimento da área, nunca categorias diagnósticas do desenvolvimento infanto-juvenil ou referências que a ciência psicológica oferece à ideologia vigente.

Pfromm Neto (1992) descreve algumas taxonomias clássicas que dividem o desenvolvimento humano nas seguintes etapas: do nascimento à queda da primeira dentição; puberdade; exibição da barba; término do crescimento dos membros; plenitude do amadurecimento sexual (envolvendo o casamento); espírito voltado para a vida prática; corpo e espírito em harmonia; diminuição das forças e serena contemplação.

Atualmente, classifica-se o desenvolvimento humano em: recém-nascido, que vai do nascimento ao fim do primeiro mês; puerícia, que vai do nascimento ao primeiro ano de vida; infância, que vai de 1 a 12 anos de idade, dividida em infância inicial (1 a 6 anos), média (6 a 10 anos) e final ou pré-adolescência (10 a 12 anos); adolescência, que vai dos 12 aos 21 anos, subdividida em inicial (12 a 14 anos), média (14 a 16 anos) e final (16 a 21 anos); maturidade, que vai dos 21 aos 65 anos; e velhice, dos 65 anos em diante.

Não obstante a grande variedade das classificações, o critério aqui considerado na abordagem do desenvolvimento emocional e social de crianças até 10 anos é perceber que o grau de ajustamento, os traços e as características do adulto resultarão, em grande parte, da base edificada na infância e na adolescência.

A concepção do desenvolvimento do Laboratório de Pesquisas da Subjetividade Infanto-juvenil é processual, isto é, relacionamos entre si todos os sistemas: emocional, social, biológico, cognitivo, motor e lingüístico; entretanto, nosso foco de atenção está no modo como a criança, o adolescente ou o adulto estruturam e mantêm seu ajustamento: de maneira criativa ou deliberada, fluida ou interrompida.

O conceito de desenvolvimento emocional que aqui trabalhamos diz respeito ao universo intrapessoal da estruturação e dinâmica da subjetividade, árbitro do autoconceito por meio da aquisição da consciência intencional e da relação com o mundo e com o outro. O conceito de desenvolvimento social aborda o universo das inter-relações que a subjetividade erige a partir do reconhecimento da existência do mundo e do outro como alteridade, formando um sistema de valores para sustentar as ações e as relações interpessoais. Nesse campo incluímos a aprendizagem e o desvelamento pela criança das qualificações construídas para orientar o existir no mundo.

Embora o ego, para Perls (1997), seja uma função que exerce duas tarefas básicas — identificação e alienação conforme o critério da satisfação das necessidades do organismo inserto no campo —, preferimos usar a expressão *subjetividade*, nela integrando a compreensão de Ego e Eu como sendo um único conceito, de modo a reduzir a configuração teórico-prática contida na fragmentação conceitual que autores em busca de refinamento teórico fazem, o que por vezes gera uma apreensão cartesiana, em vez de holística, do desenvolvimento.

Para compreender gestalticamente o desenvolvimento emocional e social das crianças, é necessário saber que estas, até por volta dos 2 anos de idade, realizam o contato com o mundo de uma forma marcada pela polaridade dependência/independência, até o momento em que a subjetividade começa a gerar suporte para estabelecer a consciência de si mesmo.

O bebê se coloca no mundo recorrendo aos sentidos, aos impulsos primitivos ligados às necessidades de comer e dormir. A consciência intencional, uma das dimensões da consciência cuja associação se dá com o desenvolvimento do pensamento abstrato, não é o eixo de sua existência; logo, o bebê opera no mundo ressaltando a dimensão perceptiva da consciência, por meio das funções visuais, auditivas e motoras. Assim, perceber é a primeira ação processual do bebê para encontrar objetos no mundo: chocalhos, móbiles coloridos, mamadeira e o próprio corpo, suas mãos, pés etc. Nesse momento, as funções vitais do organismo são figurais, "[...] a vida emocional do lactente oscila entre sensações de bem-estar e mal-estar. No recém-nascido, dependem exclusivamente das funções vitais do organismo. A criança pequena fica contente e alegre ou fica abatida e chorosa quando há qualquer perturbação da saúde" (Lievegoed, 1994: 48).

Do ponto de vista biológico, o autor afirma que são necessários em torno de sete anos para delinear cada uma das etapas do desenvolvimento de crianças e adolescentes: do nascimento até a troca dos dentes; da troca dos dentes até a puberdade; e da puberdade até a maioridade, perfazendo um total de 21 anos. A aprendizagem do processo de andar marcará o término do período do bebê, dando início à fase da criança pequena, cuja fronteira de expressividade será expandida pela aquisição da linguagem. Por volta dos 2 anos de idade, a conquista do mundo se iniciará com o movimento: andar, correr. A criança passará a sinalizar também a atitude psicológica que assumirá para posicionar-se emocionalmente, isto é, insistir em pegar algo mesmo caindo e levantando-se inúmeras vezes, ou desistir por não alcançar nas primeiras tentativas (Lievegoed, 1994). É claro que é importante reiterar que a capacidade maturacional motora deve ser considerada nas conquistas, a fim de não classificarmos a criança como vencedora, apática ou lerda.

Lievegoed sugere que a consciência intencional da subjetividade infantil, que difere da avidez ou cobiça, será despertada ao redor dos 3 anos de idade, momento em que a criança já possui um repertório lingüístico rico, bem como refinamento psicomotor, domínio das funções corporais etc. No plano emocional, o fortalecimento do senso da subjetividade a conduzirá para estabelecer contatos cada vez mais refinados com o mundo, servindo-se de informações, da imaginação e da criatividade, elementos que a ajudarão a mediar a vida interior e a realidade, a fim de aprender e apreender o mundo.

O autor afirma que "não se pode falar em vontade consciente durante os primeiros anos de vida, mas de avidez. A vontade começa a preparar-se durante a fase da fantasia criativa. É da brincadeira criativa, dirigida, em suas repetições, pelas ondas do sentimento que nascem as ações. Somente tendo chegado ao ponto de propor uma tarefa é que a criança está realmente madura para a escola" (Lievegoed, 1994: 54-55).

De acordo com tal proposição, a evolução da vida emocional da criança é iniciada pela influência preponderante dos instintos que geram um modo de viver baseado na polaridade bem-estar/mal-estar no mundo, passando para a mediação da fantasia criativa, até o momento em que, por volta dos 4-5 anos de idade, passa a perceber com nitidez suas limitações (físicas, motoras etc.) e a recorrer aos adultos com mais intensidade.

> A criança pequena ainda não conhece o respeito. Todo o mundo contido em seu horizonte lhe pertence. Numa idade um pouco mais avançada, a criança pequena já se contrapõe ao mundo fazendo dele o objeto de seu conhecimento. Todavia, a corrente que flui de sua vida emotiva para o mundo ambiente é tão forte que não ocorre uma vivência do mundo exterior. É somente pela vivência da própria incapacidade de atuar plasmadoramente no mundo que ocorre a separação entre eu e mundo exterior. O respeito que nasce em relação ao adulto logo se torna ilimitado. A pessoa venerada deve ser capaz de algo: ajudar a dobrar um bote inflável, remendar uma boneca quebrada ou consertar um automóvel partido, responder a todas as perguntas que a criança formula sobre plantas e animais, anjos e carros, duendes e estrelas. (Lievegoed, 1994: 56-57)

Nessa análise, o autor afirma que o eu intencional inexistente na fase do bebê começa a se organizar na etapa da criança pequena, fase em que também se dará a apreensão da importância de novos outros como agentes e fontes de alimentação emocional.

Todos os sistemas em desenvolvimento vão sendo aprimorados conjuntamente em prol da socialização. A entrada na escola será um dos marcos do desenvolvimento social, pois a capacidade de abstrair da criança estará, segundo Piaget (1976), na etapa das representações pré-operacionais (2 a 7 anos), formando conceitos, tornando-a aberta para a aprendizagem cognitiva, embora a criança de 7 anos ainda se interesse pelas fábulas e personagens que permeiam o mundo da fantasia.

Para Lievegoed (1994: 65-67), a socialização escolar contribui para uma transformação na vida emocional da criança à medida que passa a se espelhar em outras crianças e que a apreensão do mundo se torna mais realística.

Acabou-se a fase da fantasia ilimitada. A vida emocional passa por uma metamorfose profunda. Aos 10 anos de idade ocorre com o sentir o que já havia ocorrido aos 7 com o pensar: o sentir é objetivado. A criança tornou-se criança. Parece estar vendo pela primeira vez o mundo previamente aceito. A crítica vai espreitando por toda a parte, estragando e reprimindo a ingenuidade anterior. A polaridade eu-mundo, dentro-fora se torna realidade. A oposição torna-se vital no sentimento. Não, contudo, na vontade. A criança ainda não tira conseqüência de sua atitude dualista; ela vive, antes, em atitudes de inconstância, em oscilação entre bem-estar e mal-estar. Tudo isso, porém, mais "da boca para fora" e com o sentimento do que por meio dos atos.

O autor descreveu como os fatos sociais afetam a vida emocional da criança favorável e desfavoravelmente, ou seja, a escola tanto permite refinar a percepção do mundo como também deformá-la, pois não podemos perder de vista que os menores podem ser uma fonte perniciosa para o desenvolvimento e a segurança emocional, uma vez que apelidam, segregam, debocham e batem naqueles que são considerados fracotes e desinteressantes. Essas atitudes infantis, quando acompanhadas de perto pelos professores e cuidadores, talvez não repercutam gravemente na constituição da subjetividade adolescente e adulta.

Em torno dos 6 anos de idade, quando bem alimentadas psicologicamente, libertar-se-ão da identificação exclusiva com os adultos integrantes da família, provedores dos nutrientes afetivos e sociais. Conforme crescem, o desenvolvimento do senso afetivo vai sendo orientado pela polaridade dar e receber. Adultos significativos na vida da criança oferecerão a ela experiências para que aprenda a compartilhar.

O brinquedo será um dos recursos mediadores da aquisição do senso de divisão, importante particularmente para filhos únicos, pois os ajuda a configurar a solidariedade, premissa para a socialização e vital para a revisão do individualismo contemporâneo. Aprender a dar e a receber estimula os menores a dedicar-se ao outro.

O desenvolvimento da consciência intencional contribuirá para que a criança comece a ajustar-se criativamente às normas sociais da sua cultura e microgrupo, respeitando as figuras de autoridade que também a respeitam como alguém cuja fala é importante e pode ser apropriada, observando limites e aprendendo uma ética que permeia a vida em sociedade. A absorção das orientações será mediada pela nutrição psicológica, aprendizagem da mastigação e desestruturação das informações emocionais e sociais.

Ribble (1975) descreve a vida emocional de bebês destacando a importância de os pais estabelecerem com os filhos uma relação pessoal positiva, que será o alimento básico da vida emocional e social da criança, bem como um antídoto para a prevenção de doenças como a ruminação — forma de não seqüenciar o processo digestivo em virtude de o alimento orgânico permanecer no eixo boca-garganta, subindo e descendo. Atuando com bebês, esse autor narra a importância de duas ações terapêuticas praticadas pela equipe que atua em hospital nos Estados Unidos: a mãe voluntária, figura criada para suprir as necessidades emocionais de crianças abandonadas; e o encaminhamento para lares substitutos.

Exemplifica também o caso de uma criança de mais ou menos 5 meses, que não se desenvolvia e repercutia no físico o sofrimento pelo abandono, "[...] sua vida emocional estava profundamente prejudicada. Com qualquer mudança em sua rotina ou com uma ausência prolongada da mãe substituta, caía em estado bastante semelhante à depressão. Tornava-se inerte, comia muito pouco, padecia de perturbações intestinais e ficava extremamente pálida" (Ribble, 1975: 7).

A autora destaca outras características da nutrição psicológica que contribuem para o desenvolvimento emocional: a) sucção, um comportamento instintivo do bebê, importante para a nutrição emocional, o desenvolvimento físico e a aprendizagem da respiração, circulação e tonificação muscular; b) sensorialidade, especialmente a atenção visual e auditiva; c) postura corporal qualificada pela sensação de segurança e prazer que o bebê obtém quando é segurado de modo cuidadoso.

O crescimento geral é acelerado quando o desenvolvimento emocional é orientado positiva e pacientemente pelos cuidadores, evitando acentuar automatismos comportamentais da criança, como, por exemplo, nas situações de birra, quando está com raiva, ou quando espernia "demasiadamente" enquanto é vestida. Morder e espernear preparam para a maturidade emocional: respectivamente, abocanhar a vida e andar, correr, adentrar o mundo. Ribble (1975:94) sugere "antes que os dentes comecem a aparecer, exercitem os músculos da mastigação num pão duro ou em algum alimento apropriado, para firmar a associação entre mastigação e alimento".

Essa associação estabelecida pela autora converge para as nossas observações acerca da nutrição psicológica, cuja atribuição é promover o estabelecimento da ação ativa dos processos de metabolização psicológica para a constituição da subjetividade, permitindo à criança assumir seu lugar único e colocar-se no mundo como alguém que mastiga, digere e elimina os alimentos tóxicos.

Para concluir este capítulo, gostaríamos de relembrar ao cuidador que compreender a vida emocional e social de crianças é levar em conta que estas se realizam em contextos histórico-sociais de culturas vivas, o que significa não perder de vista a presença de uma dinamicidade de forças que impulsionam a vivência das crianças e de suas famílias. Considerar o desenvolvimento uma dinâmica de acontecimentos pode evitar análises e diagnósticos lineares, bem como o enquadramento das experiências infantis em moldes estanques, relacionados à passagem dos anos. A abordagem e o tratamento de crianças devem ser vinculados aos de suas famílias, tema que será o eixo do próximo capítulo.

CAPÍTULO 3

# Transformações recentes na estrutura familiar

As mudanças históricas assinaladas pelos estudiosos da família apontam tradição e modernidade como os macropilares da vida social afetados pela transformação do regime econômico na passagem do feudalismo para o capitalismo — e deste para a globalização ou transnacionalização do capital financeiro. Esse é o fundo a ser considerado no exame das análises sobre famílias. Neste capítulo, contudo, a década de 1960 será o marco inicial para tecer nossas reflexões.

A revisão da condição feminina a partir dos anos 1960 é identificada como uma das chaves que contribuem para as mudanças na estrutura familiar. As mulheres passaram a examinar os papéis sexuais, os sentimentos, as percepções e a inserção social, o que nos permitiu — e tem permitido — optar pela forma de nos relacionar com o corpo desejante, o casamento, os filhos e o trabalho fora de casa, configurando a apropriação da vida pública e, conseqüentemente, reformulando a vivência das dialéticas público-privado. Para Fonseca (1997: 131): "[...] O pensamento feminista tem contribuído para a reflexão sobre a diferença masculino/feminino, desnaturalizando categorias que durante séculos pareciam óbvias; acabou roendo as bases de todo tipo de discriminação: de raça, sexo ou classe".

No momento atual, as ponderações sobre o lugar da mulher, feitas por alguns grupos feministas, evocam na sociedade mais ampla um sentimento de confusão e questionamentos acerca da qualidade das teses que provocam mais a competição acirrada entre feminino e masculino que o encontro dialógico.

A forma de organização da família e a conceituação foram postos em xeque. Do entendimento como "grupo social caracterizado por comum residência, colaboração econômica e reprodução. Inclui adultos de ambos os sexos, que mantêm relações sexuais socialmente aprovadas, um ou mais filhos próprios ou adotados" (Beltrão, 1973: 17), para "[...] organismo fruto de contíguas negociações e acordos entre seus membros, cuja duração no tempo depende da duração de acordos" (Carvalho, 2000: 37).

Na primeira formulação, a principal característica depreendida é a família como uma estrutura estável, identificada com área física, papéis, funções e membros; enquanto na segunda a dinamicidade das relações é o traço identitário mais forte, uma vez que uma diversidade de organizações se constitui para realizar as funções familiares, gerando um tecido de complexas relações e redes de parentesco.

A revisão da condição feminina, os divórcios ou as separações, o recasamento, a migração e a circulação de crianças complementam as transformações recentes na vida familiar (Carvalho, 2000).

O sistema moderno de família nuclear ou conjugal, de acordo com Beltrão (1973), tinha as funções biológica, econômica, protetora (segurança), cultural (controle social), conjugal, parental (pais e filhos) e fraternal (irmãos e irmãs).

Destas, consideramos que as principais eram: a) *organização social:* definição rígida dos papéis de marido, mulher e prole, que transitavam privadamente em torno de um projeto de aquisição de bens para a transmissão e expansão da herança; b) *econômica:* provisão de bens materiais cujo responsável era o pai, que exercia o papel de provedor e transeunte entre as esferas pública e privada; c) *cultural:* transmissão de conceitos e valores sociais, cabendo à mãe a responsabilidade pela educação informal e formal dos filhos em prol da aprendizagem reificada dos rígidos papéis feminino e masculino, do respeito às autoridades e instituições (Estado, Igreja, escola); d) *biológica:* transmissão da vida humana por meio da aquisição do consentimento para ter relações sexuais que o casal obtinha socialmente quando se casava.

Nos tempos modernos, as funções familiares mais expressivamente alteradas foram a *organização social da família* e as *funções econômica, cultural e biológica*. Do ponto de vista da *organização social*, o casamento civil não é mais necessário para autorizar as relações sexuais, cada vez mais precoces. Homossexuais homens e mulheres, individualmente ou em casais, procuram adotar ou gerar uma prole. As crianças filhas de diversas uniões dos respectivos genitores migram e circulam entre diversas casas, integrando novas redes de parentesco não-consangüíneas.

Quanto à função *econômica*, o papel de provedor foi desvinculado exclusivamente do homem, abrindo espaço para a mulher transitar mais livremente no espaço público por meio do trabalho. Essa fenda permite também a alguns homens a opção de limitar sua ação ao espaço privado, passando a cuidar da casa e dos filhos, enquanto a mulher responde pelo sustento do grupo familiar. Outro arranjo pode ser a divisão eqüitativa, entre o casal, das responsabilidades de sustentar a casa e cuidar dos filhos. No âmbito *cultural*, as ações de regulação da vida social são orientadas pelo conceito de indivíduo-consumidor fornecido pelos países capitalistas europeus e pelos Estados Unidos, e cristalizados pela distorção de que a estima pessoal e o reconhecimento público estão vinculados à aquisição de bens materiais.

No Brasil, esse quadro é brutal, pois o país está economicamente empobrecido pelas reformas do Estado, que apenas atendem às exigências do capital financeiro, o que repercute na organização familiar e gera uma crescente fragilização dos valores fundamentais para a prática da solidariedade coletiva, uma vez que a regra é: vale tudo para obter dinheiro e sucesso.

As referências institucionais da família e da escola foram alteradas, e ambas, por vezes, entram em disputa ou deslocam mutuamente algumas das atribuições educativas, como oferecer às crianças e aos adolescentes suportes para a aprendizagem de questões como respeito, ética, valores e identidade-cidadã.

Quanto ao Estado, a transmissão de valores é orientada, entre outros fatores, pela política social da divisão de atribuições. O atual governo estimula a criação de redes de solidariedade e sociabilidade, partilhando com a iniciativa privada e a sociedade civil a função de proteção social das famílias: "a política social acentua as microssolidariedades e sociabilidades sociofamiliares pela sua potencial condição de assegurar proteção e inclusão social" (Carvalho, 2000: 16).

Essa política nos parece semelhante à do modelo feudal, na qual as crianças eram cuidadas por todos os adultos que integravam determinada gleba, ou se assemelha ao que Tornay (1977, *apud* Pedroso, 2003: 230) descreve como característica do parentesco.

NUTRIÇÃO PSICOLÓGICA

[...] os fatos geradores da relação de parentesco podem compreender tanto os fenômenos de consangüinidade (relação social entre pessoas que reconhecem ter ao menos um antepassado comum. Os aspectos biológicos são presentes, mas não estão na base) como os fenômenos da aliança (relação derivada do casamento). Nos fenômenos consangüíneos, um filho adotado é consangüíneo do pai e mãe adotivos. Assim, o parentesco pertence à ordem da cultura, e não à ordem da natureza. A rede de parentesco ampliada define-se pela inclusão e ampliação da família nuclear, dos parentes da família extensa, dos aparentados (compadres). Essas diferentes categorias diferem entre si pelas expressões de afetividade, prestações de serviços e solidariedade.

É claro que a comparação proposta deve ser relacionada aos contextos — a política apontada por Carvalho diz respeito aos serviços coletivos de saúde que hoje, como determina o governo federal, devem ser organizados de modo a combinar o atendimento hospitalar com a internação domiciliar, o médico de família e os agentes comunitários de saúde. Embora não vá abrir essa reflexão, é importante destacar que no fundo dessa diretriz há a ineficiência do SUS, os gerenciamentos corruptos dos serviços e a absurda e desigual distribuição da renda no Brasil.

Acerca das alterações na função *biológica*, o avanço da engenharia genética, o mapeamento do genoma e o congelamento do sêmen são algumas das razões que levam a prescindir do casal nuclear para gerar filhos.

Sob o ponto de vista *jurídico*, a Constituição de 1988, art. 226, parágrafo 3º, passou a reconhecer a união estável (convivência pública entre um homem e uma mulher), denominando-a como entidade familiar. O parágrafo 4º estende o

45

conceito para a comunidade formada por qualquer dos pais e seus descendentes.

As mudanças, embora complexas, inúmeras e talvez irreversíveis, não são apenas alinhavadas por um caráter de globalização — todo psicólogo precisa atentar para as marcas do local nas análises das famílias. Pedroso (2003) afirma que é de 79,3% o predomínio da família nuclear em Itá, na Amazônia. Apoiado em Wagley (1988, *apud* Pedroso, 2003: 265), revela que "a maioria das casas de Itá consiste de uma família nuclear, um homem, sua mulher e seus filhos. Nessas casas de uma única família, o pai, teoricamente, é o chefe absoluto [...] a palavra do pai deve ser respeitada e este não deve satisfação a ninguém de seus atos. O pai é ainda o único responsável pelo sustento da família, cabendo a ele resolver todos os negócios".

Pedroso sugere que é teórico o poder absoluto exercido pelo pai — como sempre foi —, uma vez que as redes informais dos micropoderes nas quais atuavam a mulher e os filhos sempre ofereceram resistência interna nas famílias.

A função paterna é outro tema indispensável à reflexão sobre famílias. Seu exame não pode ser deixado de fora da problematização em prol do enfrentamento do visível descompasso entre as interações feminina e masculina. Nolasco (1993) afirma que o exame sobre a identidade masculina foi iniciado nos anos 1970, dez anos depois do promovido pelas mulheres européias, cujas liberdades eram maiores.

O autor tem se dedicado ao estudo da subjetividade masculina no Rio de Janeiro, e considera que os cariocas procuram novos modelos para a construção da identidade, não mais orientados pela virilidade e pelo poder. Refere que, "em meados dos anos 70, nos EUA, os homens começaram a se perguntar se o comportamento violento, marca da virilidade masculina, não é expressão da violência a que foram submetidos durante a infância e que os transformou em pessoas estereotipadas e apáticas à reavaliação de sua forma de inserção na vida" (Nolasco, 1993: 28).

Em parágrafos anteriores comentamos que cabia à mulher responder pela educação informal e formal dos filhos. Entretanto, as diretrizes eram dadas pelo que os homens julgavam adequado à formação de uma mulher, mãe e esposa, e de um homem de caráter apto ao exercício da vida pública e privada; logo, pai e mãe contribuíam para a formação da subjetividade com orientações cartesianas que produziam meninos áridos e meninas choronas.

Bal (2001: 46) analisa a revolta contra os pais e a revolta destes, enfocando as relações de poder: "Hoje o poder mudou de sexo: as mulheres tiraram dos homens o domínio da fecundidade, conquistaram o direito e as condições de terem filhos voluntariamente, de não mais se submeter à boa vontade ou ao mau poder do homem; a partir de agora, elas podem escolher o homem chamado a ser pai, bem como o momento da passagem ao ato".

Disputa, aridez afetiva, mágoa, isolamento e competição são algumas das marcas que dão o tom dos discursos e das práticas feminina e masculina criadas desde os anos 1960, repercutindo visões sectárias. O homem passou do exercício da onipotência para o extremo da impotência; a mulher deslocou-se do eixo da impotência para o da onipotência. Ambos perdem de vista que é ineficaz a mera substituição de homens por mulheres e vice-versa nas funções da vida pública e privada, e que é oportuno praticar a potência pessoal, a complementaridade dos saberes, a interlocução, o diálogo, dada a importância do pai e da mãe para o desenvolvimento emocional e social das crianças.

Quanto às conseqüências da ausência do pai, Bal (2001: 50) aponta limitações econômicas, psicológicas e sociais. Citando Morin, considera fator de avanço para o debate e as interações a perspectiva de (re)nascimento do pai: "a descoberta do pai genitor, a emergência da noção de paternidade, é um acontecimento histórico considerável, fundamento de um núcleo trinitário pai-mãe-filho, fator de ordem e de estabilidade, base da idéia de família, estrutura biológica forte que se tornará estrutura social forte, tendo a propriedade de educar sua descendência, de se perpetuar".

Ao elencar as idéias do genitor, do vínculo com a mãe e o filho, da educação para fortalecimento da vida humana afetiva e social, o autor reafirma, sem limitar as teses ao modelo nuclear e ao casamento no molde moderno, a importância igualitária da mulher e do homem para o desenvolvimento emocional e social das crianças.

Essa explicação abre as seguintes certezas: a) a instituição família é concebida e vivida a partir de múltiplas referências: feudais, modernas e pós-modernas; b) nunca houve uma exclusiva formação, a partir do século XVII, marco do nascimento do modelo, da família nuclear moderna, pois as camadas pobres das sociedades européias e brasileira viviam modos de organização que envolviam várias uniões e separações, o nascimento de filhos bastardos etc.

No Brasil, de acordo com Fonseca (1997: 133), "somente no século XX, como resultado de 'táticas sedutoras' de persuasão: salários dignos, escolarização universal de alta qualidade e uma melhoria geral das condições de vida da classe, houve a consolidação do modelo nuclear".

As conclusões nos levam a questionar as repercussões dessas influências no desenvolvimento emocional e social das crianças, pois não podemos viver sob a égide de ideais constrangedores que determinam como deve ser a essência da família — não podemos organizar um projeto existencial para as famílias fundamentado fora da cultura e da realidade.

CAPÍTULO 4

# Tratamento de crianças: ludoterapia, psicoterapia e orientação

Abordar crianças que são levadas para o consultório do psicólogo ou para a clínica-escola requer uma avaliação clara e delicada de quem realmente está necessitando ser atendido, pois usualmente as crianças são encaminhadas pelo pediatra, neurologista ou escola por conta da sua "hiperatividade", agressividade, reduzida produção escolar, falta de concentração e ajustamento social — ou por cuidadores mais próximos, nem sempre o pai ou a mãe.

De antemão, o profissional que se dedica ao atendimento infantil precisará reconhecer, perante a grande profusão de dores e atores, como a criança está sendo percebida ou usada para deslocamentos das disputas afetivas dos adultos. O tratamento cruzado em que o outro se trata por mim (Pereira, 1997) é uma característica comum do atendimento infantil e de casais.

Na clínica-escola da Universidade Federal do Pará, os estagiários às vezes são pressionados por avós para obter laudos que favoreçam pedidos de guarda judicial do menor, por tias que não suportam as cunhadas e procuram impedi-las de participar do tratamento dos sobrinhos-filhos, usando todo um conjunto de desculpas para não permitir ao estagiário estabelecer contato com as mães. Sem ouvir as diversas percepções da queixa, a configuração da hipótese diagnóstica fica afetada.

Além de buscar clarificar o fundo que acompanha a queixa daquelas mães, avós e tias que procuram a clínica-escola, os terapeutas em formação precisam, durante a configuração psicodiagnóstica, identificar para si e para os cuidadores os limites da intervenção do psicólogo, uma vez que, com freqüência, as crianças também repercutem dificuldades neurológicas e de aprendizagem, o que requer atenção de outros profissionais da área de saúde e psicopedagogia.

Reafirmamos que o atendimento infantil nunca será desvinculado da compreensão dos sistemas familiar, escolar e cultural, e que o contato com a criança poderá ser indireto, por meio dos olhares e discursos dos envolvidos; ou direto, quando a necessidade figural de cuidado psicológico pertencer à criança.

Na clínica-escola da Universidade Federal do Pará, estamos usando para a abordagem direta algumas estratégias, como: a) se o responsável leva a criança para o primeiro atendimento, mesmo que tenha recebido orientação contrária, o estagiário observa a dinâmica expressiva da criança e divide o tempo da sessão entre os dois participantes, sendo priorizada a recepção da criança quando esta tem até 6 anos de idade; enquanto o adulto fica na sala de espera, o menor é levado à sala do atendimento para brincar e/ou falar; b) quando não for possível a espera lúdica pela criança, não abordar a queixa do cuidador, marcando um novo dia para o atendimento, reiterando que o adulto não deve trazer a criança. Persistindo na próxima consulta a presença da criança, o estagiário sugere ao cuidador que traga com ele outra pessoa para ficar com o menor enquanto ele é atendido. Crianças maiores de 6 anos ficam, geralmente, sozinhas na sala de espera, que dispõe de algumas revistas e brinquedos.

As formas pelas quais o atendimento infantil pode ser realizado são: a) orientação dirigida para os cuidadores ou para os representantes da escola e para crianças que não têm nenhum problema nos campos emocional, social e da aprendizagem, mas por causa da posição familiar de caçulas demonstram certo grau de infantilização, como é o caso de P. um menino de 12 anos que, na frente dos pais, mostra-se pueril e mimado, mas no atendimento individual revela aspectos mais ativos; b) ludoterapia voltada para crianças até 7-9 anos de idade; c) psicoterapia, que se vale do lúdico e da palavra-verbo para crianças a partir dos 10 anos.

Essas observações não são regras fixas, mas diretrizes oportunas que são usadas em nosso contexto de trabalho. Para ilustrar a flexibilidade dos critérios, apresentaremos alguns exemplos dos casos atendidos por nosso grupo:

- J., um menino de 7 anos que está no primeiro ano do ensino fundamental. Ele é tão esperto que já se apropria da riqueza da linguagem para falar de seus sentimentos em relação à separação dos pais. Como o seu desenvolvimento cognitivo é elevado para a sua faixa etária, J. está em psicoterapia lúdica.

- G., um menino de 8 anos que está em ludoterapia devido aos comprometimentos de ordem neurológica e de aprendizagem que possui. Aos 5 meses teve uma convulsão com desmaio e internação hospitalar; não foi desejado pela mãe e não é querido pelo irmão mais velho e pela avó, além de ser hostilizado pela professora e submetido diante da turma a humilhações por atrapalhar a aula.

- P., um menino de 12 anos, caçula, que está em orientação. Nunca recorreu ao lúdico, apenas faz uso da palavra-verbo.
- K., um menino de 11 anos, vivo, ativo, inteligente e curioso, com habilidades manuais para eletrônica. Começou a expressar-se recorrendo à palavra-verbo e, a partir da terceira sessão, descobriu o lúdico.

## LUDOTERAPIA

A ludoterapia é classicamente uma técnica e uma abordagem do psiquismo infantil fundamentada na psicanálise. Anna Freud é precursora do atendimento a crianças na perspectiva da orientação pedagógica por considerar que "[...] não há possibilidade de trabalho psicanalítico completo porque a criança tem poucos recursos verbais para associação livre" (Ryad, 1986: 18).

É com Melanie Klein, nos anos 1950, que o psiquismo infantil passa a ser focalizado por meio da análise do brincar. A autora propunha que, brincando, a criança exprimia seus conflitos nas áreas emocional e social: "através do brincar, da verbalização da criança e de interpretações cautelosas, respeitando as resistências da criança, é possível ir progressivamente tornando consciente o que estava inconsciente" (Ryad, 1986: 12).

Além da base psicanalítica, outros modos de compreender o psiquismo infantil foram sendo pesquisados. O embrião da vertente fenomenológico-existencial foi inaugurado por Carl Rogers, com o estudo de um método para realizar psicodiagnóstico. Ainda que Rogers, especificamente, não fosse a favor da realização de diagnósticos, no seu trabalho ele procura abordar a criança e não os sintomas, os significados e não os fatos em si (Pimentel, 2003).

Nos anos 1980, Oaklander (1980) e Axline (1984) são algumas referências internacionais. No Brasil, encontramos psicoterapeutas preocupados com a preparação de profissionais qualificados para o atendimento a crianças. Em 2003, uma variedade de trabalhos voltados para a temática foi apresentada no Congresso Nacional de Gestalt-terapia, realizado em Gramado.

Fernandes (1995), Zanella (1992), Feijoo (1996) e Pimentel (2003, 2004) são algumas das profissionais que têm produzido textos sobre o atendimento infantil. É importante ressaltar que, embora existam outros psicólogos que atuam com infantes, o volume de publicações em um referencial fenomenológico-existencial é pequeno, o que torna escassas as referências aqui apresentadas.

## ATENDIMENTO FENOMENOLÓGICO-EXISTENCIAL

Para Axline (1984), são duas as formas de intervenção em ludoterapia: a diretiva, na qual o terapeuta assume a responsabilidade de orientação e interpretação; e a não-diretiva, na qual a direção e a responsabilidade são dadas pela criança.

Essa classificação é apresentada apenas para fins de configuração histórica da evolução do atendimento fenomenológico-existencial, porém é oportuno observar os limites que ela encerra: por exemplo, secundarizar o objetivo da psicoterapia; perder de vista que os adultos são responsáveis pelas crianças na tomada de decisões referentes ao tratamento; e que "crianças pequenas não podem fazer escolhas adequadas em matérias que estão fora de seu alcance. O permitir que a criança resolva se vai iniciar um tratamento implica também em reconhecer seu direito de interromper o tratamento à sua vontade" (Ginott, 1974: 86).

Não está em debate o direito da criança de escolher e ser respeitada, mas as limitações presentes no desenvolvimento cognitivo: processo de abstrair conceitos e, na qualidade da consciência, tornar-se intencional e responsável pelas conseqüências dos seus atos existenciais. Esses fundamentos, que são a base da liberdade e do reconhecimento do outro, estão conectados ao processo da criança de crescer e se desenvolver.

Ginott, além de mostrar-se desfavorável à classificação elaborada por Axline, enumera razões para que a psicoterapia de grupo com crianças seja praticada. Para o autor, o grupo possibilita a influência positiva e a identificação de umas sobre as outras, a aprendizagem de normas ou o aprimoramento da socialização, incluindo a cooperação de crianças agressivas. Afirma que, na psicoterapia individual ou em grupo, as crianças aprimoram-se como pessoas, ampliando as fronteiras de contato intrapessoal e atualizando o campo do desenvolvimento emocional. Também se qualificam para o desenvolvimento social pela expansão das fronteiras de contato interpessoal, reduzindo ou eliminando o que o autor denomina de fome social: "[...] o desejo de uma pessoa de ser aceito por seus iguais, de agir, vestir e falar com eles e de alcançar e manter uma posição em seu grupo" (Ginott, 1974: 29).

Além dessa modalidade de fome, nossas pesquisas sobre o desenvolvimento emocional e social vêm identificando outros tipos de fome psicológica: brincar, de música, passear, do amor do pai e da mãe, de Deus, de beijo, carinho, cheiro etc. Todas essas necessidades apontam para a importância da família como agente cuidador, ressaltando que a referência transcende o modelo nuclear, estendendo-se aos arranjos familiares pós-modernos.

A ludoterapia e a psicoterapia com crianças são precedidas da realização de um psicodiagnóstico colaborativo e interventivo. Yehia (1994), na clínica e na supervisão de psicodiagnósticos grupais, divide sua ação em duas etapas: a) atender primeiro somente os pais, para pesquisar a queixa; anamnese para identificar a dinâmica familiar; intervenção com os pais para ampliar a consciência da queixa (o contato com a criança se dará em torno da quarta sessão, recorrendo à observação lúdica ou à entrevista); alternância do atendimento à criança e aos pais; b) confrontar os diversos pontos de vista detectados e reformular percepções da criança e dos pais.

Zanella (1992: 76) narra que, entre os principais motivos da indicação terapêutica infantil estão a queixa da escola sobre distúrbios emocionais e do médico sobre distúrbios neurológicos. Fruto de sua experiência, agrega queixas sobre a percepção de dificuldades na auto-estima infantil. Para a autora, a tarefa do terapeuta é reativar o contato "[...] o terapeuta trata das interrupções que atrapalham o processo de desenvolvimento, cuidando para que a criança desenvolva seu auto-suporte".

O tratamento pode ser individual ou em grupo. Zanella, facilitando grupos terapêuticos, pretende criar um espaço psicossocial que possibilite às crianças contatar para expandir o Eu, trocar experiências e se relacionar. Os recursos usados por Zanella para a facilitação são o desenho, o brinquedo, a palavra verbal, objetos trazidos pela criança etc. As atividades são organizadas e sugeridas pelas crianças ou pela terapeuta e contemplam o trabalho do grupo como um todo ou em duplas. O papel que Zanella vai desempenhando é alterado conforme a etapa do processo terapêutico. Inicia de modo mais ativo e atuante, incluindo a participação nas brincadeiras, e finaliza com uma atuação de oferecer suporte e orientação.

Baseada em Frew (1986) e Kepner (1980), Zanella (1992) classificou a evolução do processo de crescimento em grupo em quatro etapas:

- *Orientação/identidade:* as características são o conhecimento mútuo entre terapeuta e criança, criança e criança, criança e terapeuta.
- *Definição de acordos:* forma de trabalho, número de sessões etc. Geralmente, nesse momento, sua ação é mais diretiva, propositora e de esclarecimentos, bem como de dar voz aos significados dos sentimentos que percebe, como, por exemplo, a frustração que uma criança demonstra diante da mudança imposta pelo grupo.
- *Conflito/influência:* a autora relata que essa etapa se inicia em torno da quarta sessão. O grupo já possui certo entrosamento, o que permite propor temas para conversar. Percebe o surgimento de lideranças, de crianças que a interpelam, que confrontam colegas e não respeitam as normas do grupo. Propõe outra vez que o grupo faça um desenho único a partir de um ponto que esta cria. Quando o grupo conclui a atividade, desenvolve um desenho individual. Zanella (1992: 99) considera essa fase a do surgimento do conflito, pois nela são expostas as fronteiras da individualidade e dos limites, bem como das potencialidades de cada criança: "[...] o grupo encontra-se na fase de conflito, identidade e contradependência, em que os membros começam a desafiar normas, definem-se como grupo, e as diferenças entre eles começam a aparecer".
- *Intimidade e interdependência:* o grupo está na 15ª sessão, bastante entrosado, dando e recebendo ajuda para alguns

de seus membros superarem seus limites, trazendo de casa material para a confecção de um brinquedo temático e expressando diretamente os sentimentos de chateação. Também se interessa por questões sociais: o grupo discutiu, por exemplo, a eleição para presidente da República. Essa fase estende-se por vinte sessões.

Por volta da 31ª sessão, tem início a preparação para a despedida: "perguntam o que irão fazer e eu proponho que cada um desenhe um presente que daria para os demais elementos. O grupo aceita a sugestão, os membros olham uns para os outros, fazendo comentários sobre o que poderiam dar, e a seguir partem para os desenhos [...] em seguida há a troca de presentes e todos riem e brincam muito com o que recebem" (Zanella, 1992: 102-3).

Na 35ª sessão, o grupo finaliza. Zanella considera que o papel do terapeuta é menor que no início da facilitação grupal, pois os membros arriscam-se mais, sentindo-se apoiados pela sensação de pertencer ao grupo, o que provoca a mudança individual.

Feijoo (1996) aponta três suportes teóricos no atendimento infantil que realiza:

- *Os fundamentos heideggerianos* da liberdade e da responsabilidade para que o terapeuta possa abordar com a criança o princípio da escolha, ajudando-a a relacionar a postura que esta manifesta na sala lúdica em relação às demais situações existenciais que ela vive nos diversos contextos, comentando, por exemplo, "[...] quando a gente não escolhe o que quer, deixa o outro escolher, e aí a escolha do outro pode acabar por desagradar [...] é assim com seus coleguinhas, é assim na sua casa" (p. 5-6). A meta terapêutica é proporcionar aos menores a qualificação da consciência in-

tencional de sua existência mundana, de acordo com a capacidade cognitiva que estes possuem.
- *Os recursos metodológicos* cuja base será mediada pelas atitudes ética e respeitosa, nas quais o brincar será a linguagem para o encontro entre o terapeuta e a criança. Assim, "[...] o Psicólogo fala a sua própria fala" (p. 6), e não se expõe ao ridículo e ao deboche das crianças que não aceitam adultos que as percebem como bobas.
- *As atitudes do psicólogo*, ressaltando que a ajuda deve ser o foco do atendimento, nunca o autoritarismo e a competição; o limite e não o tolhimento; o interesse e não a investigação policial; a compreensão, nunca a denúncia dos sentimentos interpretados.

Para a realização do psico ou do ludodiagnóstico informal, Feijoo (1996: 8) recorre à entrevista dirigida, bem como a sessões lúdicas livres, à observação cognitiva e psicomotora, e a testes. A autora ressalta a participação da família e que as ações praticadas pelo psicólogo são em prol da compreensão das dinâmicas relacionais, isto é, "indícios da forma como se estabelece o vínculo familiar, a cumplicidade, o respeito ao sentimento dos outros, os acordos, os limites no contexto familiar".

O psico ou o ludodiagnóstico podem ser realizados nos modos informal e formal. Guimarães (1996) organiza-os formalmente nas seguintes etapas: entrevista de anamnese com os pais; entrevista psicossocial com os pais; sessões livres com a criança; teste projetivo Ômega; técnica desenho da família; teste gestáltico viso-motor Lauretta Bender. O laudo descreve a identificação do cliente, o motivo da consulta, a síntese diagnóstica, a resposta ao motivo da consulta e a indicação.

Fernandes (1995) trabalha observando as necessidades do cliente. A autora não realiza um psicodiagnóstico formal

— a primeira entrevista é realizada com toda a família, para que todos se certifiquem do que está acontecendo no consultório. Acredita na importância de a criança assumir as idas à clínica não apenas para brincar, mas com um propósito (Pimentel, 2003).

Nas três possíveis formas que o atendimento infantil pode ser realizado — ludoterapia, psicoterapia e orientação — há um fio condutor: o respeito à criança como alguém que está lutando para atualizar sua presença no mundo, o que ocorre pelo crescimento físico e pelo desenvolvimento dos sistemas neurológico, cognitivo, motor, lingüístico, intelectual, emocional e social.

A ecologia desse conjunto requer uma concepção de processo e a nutrição psicológica de cuidadores abertos para o diálogo, reconhecendo que a criança não é a mera representação moderna do anjo assexuado ou a pós-moderna do rei sem limites. O tecido teórico do livro está edificado — daqui em diante, mostraremos alguns estudos de caso que examinam o desenvolvimento emocional e social de crianças de 7 a 10 anos, realizados em uma escola em Belém do Pará.

# CAPÍTULO 5

# A pesquisa

Para contemplar os que se interessam pela atividade investigativa, apresentaremos o delineamento da pesquisa como projeto e depois as reformulações geradas no contato com a realidade, objetivando mostrar o caminho usado na pesquisa em psicologia clínico-qualitativa.

O projeto da pesquisa "Relações entre mastigação, alimentação e desenvolvimento emocional e social de crianças de 7 a 10 anos" foi realizado por uma equipe multiprofissional, composta de psicólogo, bacharéis em psicologia, fonoaudiólogo e odontólogo.

O problema da pesquisa foi identificar como o uso completo dos dentes na mastigação dos alimentos físicos interfere no desenvolvimento emocional e social infantil, contribuindo para a aquisição de atitudes como iniciativa ou passividade; avaliação crítica ou falta de avaliação; dependência ou independência.

Essa pesquisa foi realizada no Núcleo Pedagógico Integrado (NPI). Os procedimentos envolveram uma bateria de estratégias: *avaliação odontológica e fonoaudiológica* da arcada dentária das crianças para verificar o estágio maturacional dos dentes e as possíveis alterações morfológicas existentes que pudessem interferir na mastigação, deglutição e digestão dos alimentos orgânicos — e conseqüentemente intervir na autoimagem e auto-estima; aplicação de um formulário de uma única pergunta para as crianças (pedimos que elas listassem dez respostas, classificando-as em ordem crescente, à pergunta "Você tem fome de quê?); *observação semanal* das crianças no ambiente escolar para obter uma compreensão do funcionamento de cada criança, de modo que as conclusões acerca do desenvolvimento pudessem estar fundamentadas na fenomenologia e no reconhecimento dos papéis assumidos e das interações sociais vividas no cotidiano; a expressão *projetiva aperceptiva* foi avaliada pelo CAT-H.

As *entrevistas* permitiram conhecer as diversas formas de perceber, os vários pontos de vista: o das crianças, o dos responsáveis e o da professora, para integrar as informações e elaborar uma conclusão que pudesse mostrar dados baseados na realidade como um todo estruturado. Em relação aos responsáveis, abordamos gestação, parto, amamentação, introdução da alimentação sólida, o comportamento de morder etc., temas que permitiram traçar um perfil do desenvolvimento da criança. Para as crianças focalizamos as preferências alimentares, o modo como elas se percebem e o comportamento social. E da professora questionamos a percepção das interações entre as crianças na sala de aula.

A amostragem foi selecionada entre escolares da segunda série do ensino básico, considerando a faixa etária como referência, isto é, crianças entre 7 e 10 anos de idade, que geralmente cursam esse ano escolar — embora haja exceções (reprovações, mudanças de estado etc.) que alarguem a faixa etária. No que diz respeito ao número de informantes, de acordo com Trivinos (1987: 32), a pesquisa qualitativa não se preocupa, em geral, com a quantificação da amostragem. Assim, o grupo foi composto por duas meninas e três meninos que estudam na escola mantida pela Universidade Federal do Pará. O critério de escolha para a participação das crianças na pesquisa foi que os pesquisadores-assistentes se dirigiriam à sala de aula e recorreriam à intuição e à intencionalidade para fazer a seleção. Intuir significa ativar a consciência para a presença do outro e das sensações que ele provoca. Abrir-se para a percepção íntima de estar sendo afetado, e mostrar ao outro o que está acontecendo para que ele também possa manifestar suas percepções. Trata-se de um procedimento aplicado à psicoterapia e à pesquisa (Pimentel, 2003). Intencionalidade é um princípio usado na amostragem por saturação, na qual o pesquisador vai escolhendo até que considere respondida a questão problematizada (Turato, 2003).

Como princípios indicativos da exclusão do participante temos: as alterações neurológicas que provocam danos cerebrais e a desistência da criança. Do ponto de vista das análises, as categorias gestálticas instinto de fome, saúde, adoecimento, metabolização e nutrição psicológica são alguns dos suportes teóricos para cotejamento dos achados.

Para viabilizar concretamente a pesquisa, houve etapas antecedentes: reuniões para articular o convênio entre Nufen/UFPA e NPI; escolha da turma que participaria da investigação; apresentação da proposta à equipe coordenadora do ensino fundamental; contato com os pais para informar sobre os objetivos e os procedimentos da pesquisa; solicitação da cooperação desses pais e obtenção da sua assinatura no documento que autoriza o contato com as crianças, procedimento ético indispensável na pesquisa com seres humanos em geral e menores de idade em particular; formação e treinamento da equipe de pesquisadores-assistentes.

Quando efetivamente um projeto é aplicado ao campo, precisa considerar que um plano de pesquisa tem como principal objetivo nortear a obtenção do conhecimento sobre um tema, de modo a responder ao problema examinado. Contudo, a realidade é a diretriz que algumas vezes se sobrepõe ao plano, modificando-o.

As principais mudanças no plano dessa pesquisa foram: a) *observação:* o plano propunha dois aspectos metodológicos para a compreensão do problema: observação espontânea e dirigida por meio do uso de pré-categorias, como o que e quando come, como se alimenta, rápido, lento, engolindo sem mastigar, se alimenta sozinho etc., uma vez por semana, no horário do lanche previamente determinado pela escola; b) *pedido de mediação:* dois pesquisadores que observavam os meninos foram interpelados com pedidos de ajuda na hora do recreio: alguns garotos pediram que os pesquisadores intercedessem por eles com o time de futebol, para que fossem admitidos como jogadores; c) *lugar para observar:* os meninos corriam e mudavam permanentemente de lugar, o que solicitava dos pesquisadores uma maior aproximação para observar, escutar e registrar os diálogos literais.

Para dirimir as questões foram dadas aos pesquisadores algumas orientações: a) abolir da observação o caráter de divisão entre dirigida e espontânea, realizando observações amplas mas sem perder de vista os objetivos da pesquisa; b) mostrar o que está escrevendo todas as vezes que isso for solicitado pela criança; c) responder usando uma linguagem lúdica e compreensível para a criança, por exemplo: "Você tem fome de quê? Fome de conhecer você; e você, tem fome de quê? Eu tenho fome de música" — esse diálogo travado entre pesquisador e criança pareceu satisfazê-la, pois ela se afastou sem retornar com novas perguntas; d) ouvir as solicitações das crianças sem responder com intervenções diretas, mas demonstrando que as está ouvindo — aqui persiste a solicitação de acompanhar a criança ao local apontado e apoiar suas ações para que esta resolva, sozinha, a situação que a incomoda por meio de acordos com os colegas; e) adotar uma posição física de proximidade que permita ver sem chamar atenção para si.

É importante afirmar que em nenhum momento a presença dos pesquisadores alterou a dinâmica da turma a ponto de desorganizar as atividades de ensino–aprendizagem. Os contatos prévios e a colaboração da professora nos informaram os horários mais adequados. Além disso, percebemos que nossa prática reafirmou a posição de Guba e Lincoln, de que "as alterações provocadas no ambiente pesquisado são, em geral, muito menores do que se pensa. Os ambientes sociais são relativamente estáveis, de modo que a presença de um observador dificilmente causará as mudanças que os pesquisadores procuram tanto evitar" (*apud* Ludke, 1986: 27).

O papel do pesquisador foi o de participar como observador. Revelamos à equipe técnica da escola e aos responsáveis pelas crianças os objetivos e os procedimentos investigativos; contudo, para as crianças, optamos pelo uso da linguagem lúdica,[1] dizendo-lhes: "Estamos aqui para brincar com vocês e conhecer um pouco o jeito de vocês aqui na escola".

---

1 Linguagem lúdica significa usar um código compreensível sem recorrer à caricatura de usar uma fala infantil. Procuramos respeitar a criança em sua busca de satisfazer sua curiosidade, transmitindo-lhe a confiança e a segurança de estar se relacionando com adultos.

É importante ressaltar que os pais das crianças demonstraram uma irrestrita confiança na equipe, além de espírito de cooperação com o empreendimento, o que sinaliza a distância ainda acentuada entre as modalidades dos saberes científico e do senso comum, revelada na associação entre a escolha da criança e um problema de aprendizagem. Reiteradas vezes esclarecemos que a pesquisa tratava da compreensão do desenvolvimento emocional e social.

\* \* \*

Faremos a apresentação dos resultados da investigação mostrando a síntese e a análise de cada um dos procedimentos usados com as crianças, para, em seguida, discutir e concluir as argumentações acerca do seu desenvolvimento emocional e social. A identificação dos menores será feita por meio de codinomes: Quietinha, Carinhoso, Chefinha, Sapeca e Melodia.

## CASO 1: QUIETINHA, MENINA DE 7 ANOS

### OBSERVAÇÃO 1

Ao chegar à sala de aula, constatamos que era dia de prova. A professora disse aos alunos que, à medida que terminassem suas atividades, poderiam sair para o recreio. Quando Quietinha terminou, dirigiu-se para o auditório da escola, onde encontrou três colegas que já estavam terminando de lanchar; mesmo assim, juntou-se a elas.

A menina tinha biscoitos de chocolate, cujo pacote ela abriu com os dentes. Suas colegas logo foram embora, deixando-a sozinha. Em seguida, Quietinha guardou seu lanche e voltou correndo para a sala de aula, onde reencontrou o mesmo grupo de meninas com o qual estivera anteriormente. Ela não comeu quase nada, apenas um biscoito e um pouco de suco.

Na sala, as quatro garotas brincaram de "pira pé": pulavam na direção umas das outras com o objetivo de pisar no pé da adversária. Quietinha participou da brincadeira com entusiasmo, mas sem assumir liderança.

Uma das integrantes do grupo anunciou que iria comprar bombom; as demais pararam de brincar e foram com ela até a banca de doces. Quietinha foi a última a comprar bala, depois foi ao encontro das colegas, que não a esperaram escolher o bombom que queria. No grupo, houve troca de bombons. A menina mastigou o seu com força e também provou os bombons das outras colegas. Todas voltaram para a sala e reiniciaram a brincadeira.

Quietinha disse que era "tri", ou seja, a terceira pessoa a começar o jogo, mas uma de suas colegas discordou, demonstrando pouca receptividade à participação da menina na brincadeira, que parou de brincar, sem nenhuma contestação ou reação por parte das demais. Quietinha foi para a sua carteira, abriu a lancheira e comeu seu lanche, enquanto observava as amigas a distância.

Voltou ao grupo apenas quando foi chamada. Continuou brincando enquanto comia biscoito, mas sem conseguir se inserir completamente na brincadeira — às vezes se afastava da roda de meninas. Assim que a campainha tocou encerrando o recreio, voltou correndo para a sua carteira e continuou comendo biscoito.

A professora repreendeu os meninos, porque estes se engajaram em brincadeiras que envolviam chutes e empurrões durante o recreio. Quietinha ficou atenta ao que a professora dizia, alternando movimentos de apoiar o queixo com as mãos e colocá-las na boca.

OBSERVAÇÃO 2

A observação se deu depois do início do recreio por causa do atraso da observadora em chegar à escola. Para saber o que a menina havia lanchado, quando esta retornou à sala de aula, perguntou-lhe o que havia comido. A menina disse que trouxera bolo de chocolate e refrigerante de casa.

Na sala, brincou de pira com as colegas. Durante a brincadeira, recebeu um doce de uma amiga chamado "pozinho de uva", parecido com confeito de bolo. Quietinha o comeu com a ponta dos dedos, depois lambeu e chupou os resíduos do doce que ficaram nas suas mãos.

Indagada se gostava mais do pozinho ou do bolo de chocolate, respondeu que preferia o pozinho.

Quando acabou de comer, desenhou dois corações no quadro, um maior que o outro, e dentro do maior rabiscou uma pessoa. Assim que a campainha soou, foi para sua carteira folhear seu dicionário.

OBSERVAÇÃO 3

Quietinha trouxe biscoito de chocolate e suco de casa, saiu da sala e foi para o auditório lanchar com o grupo de meninas com o qual costuma brincar e lanchar.

Enquanto mastigava cada pedaço de biscoito, tomava suco. O grupo, enquanto lanchava, conversava sobre brinquedos que gostariam de ganhar, mas Quietinha não se pronunciava. Apesar disso, seu olhar atento indicava que estava prestando atenção na conversa. Ela mastigava poucas vezes o alimento e simultaneamente ingeria o suco. Comeu todos os biscoitos do pacote, mas não pude assegurar-me se também tomou todo o suco, pois a garrafa não era transparente.

Depois de comer, guardou sua lancheira na sala e foi brincar na companhia das mesmas crianças da hora do lanche. Subiram para brincar no segundo andar da escola — subiam e desciam a escada muitas vezes. Quietinha correu o tempo todo com uma toalha de rosto nas mãos, usando-a constantemente para se enxugar. Ao tocar a campainha, foi para a carteira, e o colega que estava ao seu lado envolveu seu pescoço com as mãos, brincando de engasgá-la. A menina reagiu passivamente à brincadeira, sem falar nada ou impedir a ação do colega.

OBSERVAÇÃO 4

Quando soou a campainha do recreio, Quietinha saiu da sala de aula com uma colega, em cuja companhia lanchou no auditório. Trouxe Toddinho e biscoito de chocolate. Perto delas, duas colegas conversavam, mas Quietinha não se pronunciava. Trouxe também salgadinhos e só comeu um biscoito. Lanchou rápido e voltou para a sala para guardar a lancheira. Retornou ao pátio ainda comendo o salgado. Parecia procurar as colegas.

Ficou andando e comendo sozinha, até reencontrar as colegas com quem brincou de "pira-esconde". Enquanto brincava, comia. Quietinha foi para lugares sugeridos pelas amigas. Antes de engolir o salgado, já colocava outro na boca e, ao acabar de comer, chupava os dedos.

Foi à banca de doces e olhou o que as crianças compravam. Suas colegas não a esperaram e ela foi atrás de companhia. Um aluno da sua turma trouxe celular e as crianças ficaram andando ao seu redor, inclusive Quietinha, que pediu ao colega para ligar para determinado número, mas a campainha tocou e ele pareceu ignorar seu pedido.

Quietinha perguntou à observadora se, caso ela faltasse à aula, esta iria até a casa dela. A pesquisadora perguntou à menina se esta deixaria que ela fosse à sua casa, ao que a menina respondeu "sim".

## ENTREVISTA COM A MÃE DE QUIETINHA

Eu já estou preocupada com o futuro da Quietinha porque ela é muito decidida, tem que ser o que ela quer, ela se impõe mesmo com a gente; se a gente não der um freio nela, ela se impõe:
*"Eu vou fazer, eu quero isso. Eu vou fazer. Eu hoje não vou pra aula, eu não vou, eu não vou, ninguém vai fazer eu ir."*

Sabe, é desse jeito, apesar de que, com a aula, até agora, ela ainda não implicou; ela se interessa muito pelo dever do colégio. Quando ela chega, ela almoça, descansa um pouquinho, vai pro balé, aí quando ela chega, diz: *"Mamãe, vamos logo fazer meu dever que hoje é difícil".*

Ela começou a falar cedo; menos de um ano ela falava explicadinho. O pessoal ficava abismado de ver ela falar explicado; nunca falou errado, desde criancinha ela nunca falou errado. Cedo ela começou a se interessar, não gosta de coisa repetitiva; se começar a repetir muito, ela já se desinteressa, não quer mais.

Na gestação tive problemas, foi uma gravidez de alto risco. Eu vivia perdendo sangue, internada para não perder. Próximo dela nascer eu fiquei quinze dias de repouso, para que ela não nascesse fora do tempo. E ela nasceu porque a doutora agüentou ela, me deu umas injeções e disse: *"A senhora vai para casa, não levante para nada, não faça nada, movimento nenhum, pra ver se agüenta até depois do carnaval".*

Ela nasceu no período do carnaval, de parto normal, e não deu para me operar para não ter mais nenê. Ela é a terceira, tenho três, duas meninas, uma de 17, um de 11, e ela, a mais nova.

Além dessas injeções tomei medicações normais, vitamina, aquelas coisas de grávida; pré-natal, o dela foi mais rigoroso. Ela ficou no peito até os 6 meses, só no peito, sem comer nada. Depois passou aquela fase de papinha, frutinha, sopinha, controle com o pediatra e a nutricionista. Ela ficou se consultando até um ano, com acompanhamento médico todo mês.

Ela mamava bastante, sugava forte, e só saiu do peito porque eu tirei ela, se não até hoje ela mamava. Mamou bem, ficava cheinha. Não tinha dificuldade para dormir, não chorava...

Ela sempre foi chorona, mas não de fome; o peito ela mamava e dormia direitinho; só que ela era enjoadinha. Foi uma fase difícil, porque a Quietinha não ia com ninguém, até um ano e meio ela não ia no colo de ninguém. Era só eu que tomava conta dela. Até para eu tomar banho era uma dificuldade. Se não fosse comigo, era com o pai dela; do resto da família ela não se dava com ninguém.

Quando ela dormia, a gente fazia o mínimo pra ela não acordar. Ninguém falava nada, para ela dormir. Ela era meio chatinha mesmo, só era eu que cuidava dela, ninguém mais.

Ela acorda sete horas no final de semana; durante a semana ela acorda entre seis e quinze, seis e meia, toma banho e toma mingau. Só mingau. Às vezes ela toma vitamina. Não é todo dia que ela toma vitamina, mas a maioria ela toma mingau. Final de semana, poucas vezes, ela toma café com leite e o pão.

A alimentação dela é meio enjoadinha, não é todo dia que ela tá com gosto de comer. Assim que ela chega do colégio, uma faixa de meio-dia e quinze a uma hora, ela tá almoçando. Para a escola leva suco, biscoito doce, às vezes pão de forma com queijo e presunto, que ela gosta; Nescau. Ela não gosta de biscoito salgado, nem recheado.

Ela almoça com a gente, com toda família reunida... Só que a gente não senta numa mesa porque se mudou recentemente e não tem mesa assim. Antes a gente sentava. Todo mundo almoça junto, eu, ela e agora o pai dela. Antigamente era só eu e eles, porque o pai dela não vinha pra almoçar. Agora, como ele tá trazendo ela do colégio, ele já fica pra almoçar. Só vai trabalhar depois do almoço. Nem quando ele tá muito atrasado ele não vai: ele almoça primeiro. A gente almoço tudo junto.

Às vezes tenho que dar na boca dela, ele tem que dar na boca dela, porque ela fica embromando. Aí ela fala: *"Mãe, dá na minha boca. Pai, dá na minha boca. Ah, eu só vou comer se der na minha boca"*.

Ela foi acostumada porque é a menorzinha, né, aí a gente se dispõe pra ela. Ela come feijão, carne, gosta de verdura, de comer só arroz, feijão e carne; ou então batata frita no final de semana, mas o pai dela faz batata frita. Ela gosta de peixe cozido, ela adora um caldo, assim o pai dela faz pirão escaldado, põe a verdura todinha, e ela come tudinho. O pai dela desfia o peixe e põe para ela, ela come, aí não é preciso ninguém dar na boca dela. Ela come sozinha, o que ela gosta ela come sozinha; quando é uma comida que ela não gosta, é preciso a gente dar na boca dela.

À tarde geralmente ela dorme. Quando ela acorda, diz que está morrendo de fome: *"Mamãe, eu tô com fome, eu tô com fome"*. Ela come biscoito com suco, um Danone, ou toma

mingau. Se a gente não tiver nada disponível, ela toma mingau toda tarde.
De manhã é a mesma coisa, ela só acorda morrendo de fome. Quando é à tarde, ela dorme um bocadinho. Se o pai dela está em casa, ela diz pra ele: *"Papai, vai logo fazer um mingau, fazer qualquer coisa, fazer uma vitamina, vai logo que eu tô com fome"*.
Ele trabalha na Universidade, eu dou ajuda para uma instituição, a APPD; eu passo o dia todinho lá, venho almoçar, volto. Quando tem muito serviço lá, eu fico direto, só venho em casa seis horas.
Ela come muito, não sei aonde vai parar tanta comida. De noitinha ela toma um café com pão, lá em casa a gente não janta, a gente toma café com pão. Só o pai dela janta. Quando ele faz, aí eles jantam. Ele janta toda noite, mas não é toda noite que ela janta. Tem noite que eles se sentam com ele, ela e o outro de 11 anos. Mas não é toda vez; se duas vezes na semana, é muito.
Às vezes me surpreendo com as decisões que ela toma. Por exemplo, ontem: perto de casa, nós somos novas lá na rua, perto de casa tem uma quadrilha de criança, ela se envolveu na quadrilha, aí chegou lá em casa: *"Olha, mamãe, eu sou miss da quadrilha"*.
Milha filha, pelo amor de Deus, não. Nós estamos sem condições agora, estamos aperreados, não dá para lhe vestir como *miss. Ah mãe! Mas agora eu sou* miss, *a senhora fala lá com dona Eulália, a senhora que faz roupa de quadrilha.*
Ontem ela disse: *"Mamãe, nós vamos dançar aqui na passagem Boaventura. A minha roupa, a senhora não vai falar?"* Minha filha, a mamãe não tem tempo hoje, nem o seu pai, tem um monte de coisa pra resolver, não dá. *Então sabe o que eu vou fazer? Vou pedir pra Letícia ir comigo lá na casa de dona Eulália.*

Letícia é a menina que a tia dela cria. Aí ela foi. Como não deu pra Letícia ir, ela pediu pro namoradinho da minha filha levar ela lá. Ela mesma conversou com a senhora que queria uma roupa de quadrilha, e se dava para alugar para ela. Só que não tinha do tamanho dela, aí ela foi com uma coleguinha que sai na quadrilha e emprestou da menina. Quando eu cheguei de noite, a roupa já estava lá: *"Olha, mamãe, já emprestei da Belinha a roupa"*.

Ela decidiu tudo. Estava até falando para o padrinho dela, quando ela quer alguma coisa ela vai atrás, ela decide, ela conversa com os outros. Quando ela chega em casa, já é com as coisas decididas. Às vezes eu fico assim, mas minha filha, não pode ser assim, a mamãe tem que ir com você. Mas não, quando ela quer alguma coisa ela vai lá. Ela decide. Assim como da roupa, ela foi lá e decidiu tudo.

Ela é muito lenta, mastiga bastante, tudo dela é lento, até para ir no banheiro ela precisa conversar; lá no vaso ela quer que alguém esteja conversando até ela acabar de fazer a necessidade dela... Durante as refeições ela senta, conversa, conversa, demora ali.

Pois é, ela se impõe comigo, grita em cima de mim. Se eu não botar um freio... Às vezes eu tenho que ir em cima dela, porque ela grita comigo: *"Eu quero tal coisa!"* Quando eu ponho ela pra dormir ela diz: *"Eu não quero dormir, eu já não disse que eu não quero dormir agora, olha eu não vou dormir, eu não vou"*. Ela grita em cima de mim, aí eu tenho que ser mais enérgica com ela, eu grito em cima dela também porque, se não, ela domina; tanto eu quanto o pai: *"Eu vou sair, eu vou brincar na rua hoje, eu vou, a senhora vai ver"*. Você não vai pra rua, não vai brincar com ninguém hoje.

A primeira coisa que ela fez quando chegou na Boaventura foi amizade, agora tem essa quadrilha, mas de segunda a quinta; não deixo eles brincarem dentro de casa. Sexta, sábado e domingo eu libero eles um pouquinho, dependendo, também, da má-criação que eles fizerem dentro de casa. Se eles não fizerem tolice, eu libero. Ao invés de eu ficar me batendo ou batendo neles, eu castigo, aprende com um castigo. Mas ela se impõe com a gente dentro de casa; quando quer uma coisa, ela diz: *"Eu quero isso, eu vou fazer"*. Eu digo, você não vai fazer, porque você ainda não se manda, quem manda em você sou eu e o seu pai, e você não vai fazer. *"Eu vou, a senhora vai ver se eu não vou fazer."* Se desse tamanhinho você já está desse jeito, imagine quando crescer. Estás pensando, Quietinha, que tu vais me dominar? Vou logo te avisando, nem quando tu crescer vou me rebaixar pra ti, não, tem que ser o que eu quero aqui dentro de casa, e enquanto eu estiver te sustentando, tiver te dando tudo e você estiver dentro do que é meu, vai ter que andar na linha como eu quero.

É assim que é a situação, não é como você quer, não, quando você se formar, trabalhar, tiver sua vida independente, eu não vou me meter na sua vida, mas enquanto você estiver embaixo do que é meu eu me envolvo. Ela fica com uma cara para o meu lado, e fala: *"Mas a senhora vai ver se eu não vou fazer"*.

Com o pai dela ela se impõe ainda mais, chuta ele, bate nele, implica, põe língua para ele, faz maior escândalo. Aí ele fala: *"Tu vais apanhar"*. Aí eles saem gritando dentro de casa, e eu digo, não faz isso, tu perde todo o teu respeito, ela é desse jeito, autoritária, e tu ainda fica nessa molecagem... Ele corre atrás dela brincando, eu vou te bater, tu vai ver, depois ele começa a rir.

Eu chamo a atenção dele e digo não é por aí. A Quietinha é diferente dos outros dois; ela é muito autoritária, muito decidida, desde pequenininha. Os outros dois não eram assim; é uma diferença muito grande deles, acho que ela se parece comigo, sou um pouquinho assim. Quando eu quero as coisas, eu vou, eu quero, enquanto eu não consigo não sossego. Sou muito impaciente, acho que com relação a isso ela já puxou um pouquinho para mim.

Em relação ao estudo ela puxou para a família dele, eu não sou muito estudiosa, nunca fui. Ela é muito inteligente, uma explicação do professor basta para ela pegar rápido. Ela conta tudo o que foi explicado em sala de aula...

## COMENTÁRIO

No campo do desenvolvimento afetivo, Quietinha é descrita pela mãe como uma menina decidida, embora desde bebê tenha sido chorona, não de fome, mas por outros motivos não enunciados, por isso também a considera chatinha. É exigente, quer toda a atenção só para ela em todos os momentos — por exemplo, quando faz leitura, senão se aborrece.

Acerca da alimentação, é feita de alimentos moles, de fácil mastigação. Como exemplo, a mãe disse que a menina mamaria até hoje, se ela permitisse. A forma de comer de Quietinha é lenta, fica "embromando", tem de dar na boca. A mãe acredita que é por causa da total disponibilidade do pai e dela mesma para com a filha caçula.

Há disponibilidade afetiva plena; contudo, a mãe critica os efeitos disso no comportamento e nas atitudes da filha, na forma de cuidar que ela e o pai prescrevem. No aspecto social, ressalta as qualidades da filha e surpreende-se com suas decisões e iniciativa para ir atrás do que deseja. Parece admirar as capacidades incomuns para a idade, uma vez que "ela só tem 7 anos".

A relação com a mãe parece ser de disputa — a menina grita, se impõe, e a mãe tem de colocar um freio, ser mais enérgica com ela, caso contrário, Quietinha a domina, e ao pai. No plano social faz amigos facilmente, mesmo sendo nova na rua.

A diferença em relação aos irmãos é cronológica e de personalidade: Quietinha é muito autoritária desde pequena. A mãe considera que a menina se parece com ela mesma, que é um pouquinho impaciente. Na forma de estudar ela puxou a família do pai.

ENTREVISTANDO QUIETINHA

— Oi, Quietinha.
— Oi.
— Você está legal?
— Tô!
— Hoje que dia é, hoje é... quatro, quatro de junho de 2003. Vamos conversar um pouquinho? Conte para nós como é essa menina bonita? De que jeito ela é na escola?
— É... (silêncio) Não sei.
— Não sei... Vamos ver... Você é uma menina que gosta de fazer o quê?
— Gosto de ajudar a minha mãe, ajudar o meu pai, ajudar meus irmãos.
— Com quem é que você mora?
— Com minha mãe e com... com... E meus irmãos e com papai.
— Quantos irmãos você tem?
— Três comigo; uma menina e um menino que é meu irmão.
— E quem é o mais velho?

— É a minha irmã, minha irmã de 17 anos.
— Vinte anos. E quantos irmãos têm antes de você?
— A outra irmã, eu e meu irmão.
— Que horas você acorda?
— Eu me acordo é seis horas.
— E o que é que você faz depois que acorda?
— Eu esfrio o meu corpo, vou tomar meu banho, me arrumo, tomo meu café, venho embora pra aula.
— E você toma o que no café?
— Mingau.
— De quê?
— Mingau de arroz.
— Você gosta?
— É.
— Só mingau? Toma café, com pão, leite?
— Não.
— Todo dia você toma mingau? Desde quando?
— Desde... 4 anos.
— Desde 4 anos. Você se lembra da época que você mamava?
— Não.
— O que você mais gosta de comer?
— Gosto de comer é... batata frita... com é... com bife e arroz.
— Quando você vem para a escola, você traz lanche ou come da escola?
— Trago lanche.
— O que é que você gosta de trazer?
— Gosto de trazer pastel com refrigerante.
— Quando é hora do recreio, você come primeiro ou come depois de brincar?
— Como primeiro.

— Como você come? Rápido, devagar?
— Devagar.
— Devagar... Mastiga bem?
— Mastiga.
— E você brinca... de quê?
— Brinco de pira-esconde.
— Com quem?
— Com a Raíssa, a Isabelle, a Isadora e o Paulo, a Jennifer e a Ana Lúcia.
— São seus amigos?
— É.
— E depois que volta pra casa... que costuma almoçar?
— O que o papai faz ou então o que minha irmã faz.
— Geralmente eles fazem o quê?
— Ovo.
— Você come ovo com quê?
— Ovo com arroz.
— À tarde, que é que você faz?
— Eu faço meu dever de casa e vou comer.
— Que é que você come?
— Pão com café.
— E janta também?
— Não.
— Só pão com café.
— É.
— E qual é a última hora que você come de tarde, você sabe?
— Não.
— Vamos arriscar: cinco horas, seis horas, sete horas?
— Cinco horas.
— Cinco horas, e depois não come mais?
— Não.

— E depois que come que é que você faz?
— Depois que eu como...? Eu vou dormir.
— Vai dormir cinco horas da tarde? Não vê TV, não brinca?
— Não.
— Tem sono essa hora?
— Tem.
— Você tem amiguinhos perto de casa?
— Tenho a minha prima e meu primo que moram perto de casa.
— Onde é que você brinca com eles?
— Eu brinco na casa deles ou então eles vão me ver dançar quadrilha.
— Quadrilha, que legal. Você gosta de quadrilha?
— Gosto.
— E aqui você brinca de pira-esconde. E lá?
— De Julie.
— Julie, o que é isso?
— É assim... Tá aqui o quadrado pra três... Aí fica três, cada um escolhe... Aí se fica fora não pode deixar pegar, tem que entrar e ganhar.
— Ah, legal. E você ganha?
— Não.
— Não? Ou às vezes sim, às vezes não?
— É.
— Você é mais parecida com o papai ou com a mamãe?
— Com a mamãe.
— E como é a mamãe?
— Ela tem cabelo curto, é branca e... é... Ela sempre usa calça é... Um pouquinho gorda, e só.
— E o papai? Como ele é?
— Papai é moreno, cabelos cacheados e olhos azuis.
— Quem briga mais contigo?
— É a minha irmã.

— Mamãe trabalha, papai também, você fica mais então com sua irmã mais velha?
— É.
— Com quem você almoça?
— Com o papai, a mamãe e minhas irmãs.
— Almoça todo mundo junto?
— É.
— Quem briga mais com você é a sua irmã. O que é que ela diz?
— Ela diz que é pra mim não ir pra rua, e também pra mim não assistir televisão antes de fazer o dever de casa.
— Quando fica zangada, o que você faz?
— Eu vou pro meu quarto.
— Vai pro seu quarto e lá faz o quê?
— Eu brinco com as minhas Barbie.
— Sozinha?
— É.
— Quando tá zangada, costuma comer?
— É.
— Você come o quê?
— Eu como comida.
— E você come escondido?
— Não.
— Papai bate em você?
— Às vezes.
— Mamãe bate?
— Às vezes também.
— E a sua irmã?
— Às vezes.
— Quem é que bate mais dos três?
— A mamãe com papai.
— Tá bom, acabou. Tchau. Vamos escutar para ouvir como ficou.

## COMENTÁRIO

A menina se mostrou muito infantilizada e reservada, parecendo atuar cognitivamente no plano das operações concretas.

## CONTANDO HISTÓRIA – CAT-H

Tem um menino segurando a colher. Um homem. Uma comida. Um menino pegando a comida. Eles vão comer. Os meninos brincando de puxar corda. Esse menino ganhou (aponta para o menino). O vovô é aleijado. O menino é bebê. A mamãe tá com o bebê no colo. A menina tá andando de bicicleta. O balão voou. Dois bebês num berço. A mamãe tá dormindo. O menino está engatinhando. O papai e a mamãe estão dormindo. O monstro está querendo pegar o menino pra fazer sopa. O quadro da vovó. A mamãe está falando com seu filho. A tia tá falando com o papai. O bebê acordou. A porta abriu. O espelho caiu. O nenê foi no banheiro. A tampa do vaso se abriu. Ele se enxugou.

## COMENTÁRIO

Descrição muito literal, a menina ressalta o concreto. Porém, foi a única das crianças que percebeu e mencionou a sombra contida na prancha 1, talvez pela qualidade da relação afetiva que estabelece com o pai.

## AVALIAÇÃO FONOAUDIOLÓGICA E ODONTOLÓGICA

Foram avaliadas a posição, a mobilidade, o freio e o tônus dos lábios; bem como a posição, a mobilidade, o tônus e o freio lingual. O número de dentes, a conformação e as falhas dentárias; a mobilidade e o tônus das bochechas; o palato duro e o palato mole: a morfologia e a mobilidade; amígdalas; adenóides; mentalis; a respiração. Mastigação de sólidos secos, úmidos, pastosos, líquidos, deglutição de sólidos secos, úmidos e pastosos.

Seus resultados são: lábios na posição selada com mobilidade normal; freio superior extenso, tônus normal, língua no soalho da boca com posição, mobilidade, tônus e freio normais. Dentes com falhas: possui uma dentição mista composta por dois incisivos centrais superiores permanentes, um incisivo lateral superior permanente e quatro incisivos inferiores permanentes; quatro caninos decíduos superiores e inferiores; oito primeiros e segundos molares superiores e inferiores, e quatro primeiros molares permanentes superiores e inferiores.

Bochechas não alteradas, palato duro normal; sem alteração na mobilidade do palato mole; adenóides hipotrofiadas; mentalis tenso; respiração nasobucal; tônus normal. Mastigação de sólidos secos à esquerda, com movimentos circulares; deglutição de sólidos secos deixando restos nas laterais; a mastigação de úmidos, pastosos e granulados é atípica, com projeção anterior deixando sempre restos alimentares e predomínio da mastigação à esquerda.

Durante a avaliação, a menina aceitou todas as orientações passivamente, pendendo os braços próximos ao corpo, utilizando-os apenas para alcançar os alimentos e levá-los à boca.

Em síntese, a avaliação revelou um adequado padrão de mastigação e deglutição, embora as adenóides mostrem-se atrofiadas (respiração).

## PERCEPÇÃO DA PROFESSORA

A Quietinha é novata na escola. Entrou este ano (2003) vindo de uma escola pequena. Não é de chegar perto, mas se adaptou rapidamente. A família é presente; chega tarde diariamente, só às oito horas. Tem dificuldades de aprendizagem, notas baixas, mas eu estou ajudando e ela vai conseguir. Tem um bom relacionamento com a turma, fala bem, não é quieta mas tem pouca iniciativa, espera que os colegas iniciem as brincadeiras para entrar. Ultimamente tem conversado muito. É ativa sem ser líder, não demonstra agressividade e traços de autoritarismo.

## INTEGRANDO A COMPREENSÃO DO DESENVOLVIMENTO EMOCIONAL E SOCIAL DE QUIETINHA

A leitura em conjunto permite concluir que o CAT-H mostra um universo psicológico repleto de figuras masculinas, na forma de meninos, do pai e do avô.

Na entrevista da mãe da menina e também no teste percebe-se o pai, o progenitor, como, no momento, a figura afetiva mais importante em seu psiquismo. Ele oferece um suporte lúdico à menina quando brinca e recebe positivamente suas manifestações de agressividade.

Indica que a nutrição psicológica cria duas formas não integradas de a menina se expressar, sugerindo que trava uma luta interna (não consciente) para ampliar a fronteira de contato da exposição (social). Como exemplo, a mãe relata que a filha em casa e na rua é decidida e luta pelo que deseja, porém, durante as observações no ambiente escolar e no relato da professora, a menina se expressa de modo visivelmente contraído, indicando que os suportes afetivos e lúdicos presentes nas relações familiares não são utilizados.

Na escola, Quietinha recebe e acata comandos sem questionar, enquanto em casa opera ações, tem iniciativa e liderança, pois tem apoio, proteção e dedicação plena do pai e da mãe.

No CAT-H conta que o menino ganhou a brincadeira de puxar corda. Será que está falando que vencerá a batalha contra a mãe, para quem parece dirigir o confronto para afirmar positivamente o Eu? A luta da menina para deixar de ser bebê é assim mencionada — "enquanto a mamãe dorme". Enquanto mamãe dorme, Quietinha escapa engatinhando.

Na escola é que a ansiedade da menina parece ganhar força; o contato com estranhos não tão acolhedores, a professora, a fonoaudióloga e a odontóloga, os pesquisadores etc. A menina mostra-se apenas passiva, acatando todas as solicitações sem nenhum questionamento. Somos adultos que não a tratam como bebê, fazendo coisas para ela — tal exigência faz que ela tenha medo de errar.

Que exigências mais teme? Quais tabus, quais *nãos* incorporou fazendo que o impulso para se expressar de modo semelhante ao de casa seja inibido?

Tais perguntas talvez possam ser respondidas por meio da orientação aos cuidadores da casa e da escola, a fim de acertar o descompasso atitudinal, uma vez que, no ambiente familiar, Quietinha consegue afirmar o Eu por intermédio das iniciativas que toma descritas pela mãe.

Quietinha tem um suporte que permite a evolução saudável do seu desenvolvimento emocional e social. Ao dizer no CAT-H que o bebê está acordado, sinaliza uma possibilidade de expansão para as fronteiras de familiaridade, exposição e expressividade.

Em síntese, consideramos que o processo de metabolização psicológica em Quietinha já iniciou o desenvolvimento das duas etapas: identificação das necessidades de fome, apetite e saciedade; discriminação dos alimentos nutritivos para satisfação das necessidades. Entretanto, as etapas de assimilar e de expelir resíduos ainda não estão ativadas no plano do desenvolvimento emocional e social, em razão do desenvolvimento cognitivo e da infantilização a que a menina é submetida em casa, e da pressão que sofre na escola. Em casa ela não precisa mastigar, o que gera a conseqüência de estar engolindo na escola; logo, é preciso uma articulação dialógica entre a família e a escola para a superação dos obstáculos descritos.

## CASO 2: CARINHOSO, MENINO DE 9 ANOS

### OBSERVAÇÃO 1

Carinhoso comprou lanche: pastel e refrigerante. Mastigou o alimento normalmente, nem rápido nem devagar. Comeu em pé, terminou o refrigerante antes do pastel, ficou observando os colegas brincando de bola com uma garrafa de plástico enquanto comia. Quando terminou de comer, pediu a eles para brincar, no que eles consentiram.

### OBSERVAÇÃO 2

Os alunos foram liberados mais cedo. Carinhoso comprou um real em doces. O pesquisador perguntou se ele não iria lanchar, ao que ele respondeu que havia comprado doces e que, com o troco, compraria picolé perto de casa. Ficou brincando de bola com um colega. Perguntou ao observador as horas e disse que sua mãe iria buscá-lo. Permaneceu mascando chiclete durante todo o tempo em que jogou bola. Seus colegas foram indo embora e outros chegavam e pediam para jogar com ele, até que só dois, ele e Melodia, continuaram a brincar.

## OBSERVAÇÃO 3

Carinhoso não lanchou, apenas pediu um pouco do lanche dos colegas: refrigerante e salgado. O pesquisador ficou tentado a comprar algo para ele comer, mas se conteve. O menino foi jogar bola com os colegas. Durante o jogo, salivou bastante e cuspiu diversas vezes. Pareceu mais extrovertido hoje; ainda assim, falou muito pouco. Quando terminou de brincar, o pesquisador perguntou a ele por que não havia lanchado, ao que ele respondeu que era por que os pais não tinham dado dinheiro para o lanche.

## OBSERVAÇÃO 4

Carinhoso outra vez não lanchou quando saiu da sala de aula para o recreio. Encontrou os colegas do futebol e foi jogar. No time também estava Melodia, e os dois tiveram um desentendimento. Carinhoso foi derrubado por duas vezes, e a reação do menino foi estufar o peito e se aproximar de Melodia, olhando bem dentro dos olhos do colega, mas sem dizer nada. Parecia estar com raiva. Fazendo uso do corpo, sem uma única palavra enfrentou Melodia. O pesquisador apenas olhou a cena. Melodia, por sua vez, apenas se afastou de Carinhoso.

## ENTREVISTA COM A MÃE DE CARINHOSO

Eu achei que a entrevista poderia ser feita com ambos porque ele se dá melhor com o pai, ele passa mais tempo com ele, ele protege o pai, tudo é o pai, por isso eu pensei que a entrevista poderia ser feita entre nós, eu e o pai dele. Às vezes nós temos discussões em casa e ele nunca veio pro meu lado, ele acha que sempre o pai dele está certo. Ele diz assim: *"Falam que homem é encrenqueiro, mas aqui em casa não, quem é é a mamãe"*.

Entende, devido eu ser mais ríspida, eu cobro mais. O pai dele passa a mão na cabeça, tudo que ele quer, faz; comigo não, ele diz: *"Mãe, eu posso fazer isso?"* Eu digo não, sua tarefa está pronta? *"Não."* Então você não pode fazer. Ele acha que com o pai dele é tudo mais fácil. O pai dele é mais sensível, mais inferior, tá entendendo, em posição, assim, de casa, do lar. Eu penso que ele vê o pai dele como uma pessoa mais fraca, entre eu e ele.

Ele é muito assim, de segredo, o que ele faz é segredo e ele não abre pra ninguém, a menos que mande. Eu sempre pergunto, meu filho, você já foi com a tia Adelma? Ele diz: *"Já"*. Falou o quê? Ele diz: *"Falei"*. O quê? *"Falei."* E não fala o quê.

Tenho quatro filhos, ele é o terceiro. São duas meninas e dois meninos. Minha relação com o Carinhoso é boa, nós temos um relacionamento muito bom. Na verdade, com os quatro, mas como eu tou te dizendo lá em casa eu faço o papel de mãe durona com os quatro, eu cobro mais deles: se tiver que deixar de castigo, eu deixo; se tiver de deixar de ir pra rua, eles vão deixar de ir pra rua, e essa parte quem faz sou eu, entendeu?

O pai, na verdade, não tem um trabalho externo, ele tem um trabalho interno, mas é assim: *"Pai, eu quero um dinheiro"*. Ele diz, toma, ou então ele diz, eu não tenho. Aí eles vão, *"mãe me dá..."* Então, o contato que ele tem com o pai dele é bom, só que eu não vejo aquela atitude de pai que repreende na hora que precisa. Geralmente, quem faz isso sou eu: quando eu vejo uma coisa que é errada, eu jamais passo a mão na cabeça, e o pai deles é diferente.

Nós trabalhamos em casa com computação; então ele vê que um filho pode errar, mas ele sempre acha que o filho tem razão. Eu já não olho por esse lado, eu acho que um filho erra e a gente tem que corrigir dentro daquilo.

Carinhoso é pacato, obediente, se ele vê a gente numa discussão, por exemplo, se chega eu e ele e a casa tá suja e a gente começa a reclamar, poxa, a casa tá suja... ele pega a vassoura, vai limpando pra evitar confusão. Ele é um menino muito bom, mas de um tempo pra cá eu tou vendo ele muito desinteressado no estudo. Tem um mês mais ou menos ele não era assim, ele está desinteressado no estudo, quer mais saber de brincar com os colegas, e eu não deixo; quando eu coloco ele num castigo, ele geralmente fica chorando: *"Poxa mãe, não era assim mãe, tu não deveria ter cobrado isso de mim"*.

Eu tou percebendo ele muito melancólico. Nós temos dois meses que estamos nessa residência nova, pode ser que seja pelos novos colegas, pode ser que seja por isso, mas ele mudou depois desses dois meses pra cá. Por exemplo, eu chego com ele e digo assim, meu filho, hoje você não vai jogar peteca, porque todo dia a professora manda a agenda escolar, e eu já disse, toda vez que vier um carimbozinho sem assinar é quantas semanas que ele vai ficar sem brincar. Aí todo dia ele tem a preocupação de lá mandar a gente assinar.

Mas eu peguei ele mentindo: ele falou que já tinha feito a tarefinha pra eu assinar, aí eu disse bom, se você mentiu, vai ficar duas semanas de castigo, uma porque mentiu, e a outra porque a tarefa não tava pronta. Ele não era assim, então, de uns dois meses pra cá, eu tou sentindo muita diferença nele.

Quando ele tá zangado, ele deita num canto, fecha a cara, e quando chamo, Carinhoso, vem tomar café, ele não responde. Ele não era assim, ele ficava zangado eu dizia, meu filho, vem aqui, ele vinha, agora não, ele fica lá isolado, é preciso a gente falar, se você não vier aqui agora eu vou lhe bater. Ele apanha quando precisa. Eu bato, o pai é muito difícil.

Teve uma época que ele tava muito machista, ele só queria brincar com os meninos. Começou a maltratar a irmã mais novinha, mas eles dois são muito assim, os mais novos, se abraçam, se beijam, mas na verdade o que ele gostaria mesmo era de ter aquele irmão, mas devido à diferença de idade ser de quatro anos, o outro já tá rapazinho, não quer mais brincar com ele, e fica uma coisa superdifícil, mas é um relacionamento bom, eles não brigam, não se batem, não se xingam. Em casa não se diz palavrão, mas eu acredito que o que ele queria mesmo era rolar no chão com um irmão, era brincar, era pular, era isso que ele queria.

Com o pai dele, ultimamente, mais ou menos há uns quatro anos, que a gente tá tendo muito problema, muito problema mesmo. O meu esposo enciúma muito de mim, então nós temos um relacionamento muito difícil. Ele criava situações que não existiam, como traição; ele conseguia ver um homem me convidando pra alguma coisa, coisa que nunca aconteceu, e eles sempre presenciaram isso, e eu nunca gostei que eles presenciassem.

Então, tem mais ou menos uns seis meses que eu tomei a decisão de não discutir mais na frente deles. Carinhoso principalmente é muito preocupado com isso. Ele vê uma discussão e diz: *"Mãe, vocês estão brigando?"* Não, meu filho, a gente só tá conversando. *"Conversem mais baixo, mãe, parece que vocês estão brigando."* Então, eu sei que isso já deve ter afetado muito a cabecinha dele. Ele não fica nervoso, ele fica apreensivo, sabe, ele fica olhando e diz: *"Poxa, mãe, por que tu briga com o papai?"*

Sabe, é sempre a mamãe. Ele não consegue ver o lado do erro do pai dele, ele consegue ver sempre o erro do meu lado. Acho que o medo dele é de a gente se separar e deixar ele só, mas ele é o único que não tem ficado só, porque ele estuda de manhã e à tarde ele sempre tá em casa com a gente.

Agora que eu trabalho à tarde eu digo, Carinhoso, vamos comigo, ele diz: *"Não, vou ficar com o papai"*. Ele nunca vem comigo porque sabe que eu sou ríspida, que quando ele precisa fazer uma tarefa ele vai fazer; se ele for fazer alguma coisa que eu não vou gostar, ele sabe que vai ficar de castigo, e com o pai dele não. Se o pai dele disser, olha, tu vai pra rua, vai ficar até tal hora, ele vai e fica, e eu não sou assim. Eu vou lá, olho se estão brincando ou se estão brigando; se estiverem brigando, ponho pra dentro, e com o pai dele não. Então eu vejo que com o pai dele as coisas são bem mais fáceis.

Eu sou uma pessoa que me preocupo muito com o futuro deles, então, eu vejo uma responsabilidade, embora eles sejam crianças, eu passo pra eles uma responsabilidade que eles precisam ter, porque meu esposo é uma pessoa muito inteligente, mas não tem um trabalho fixo, então eu converso muito com eles todos, que eles precisam procurar um alvo pra eles um dia, serem alguma coisa, pra eles não passarem o que a gente passa.

Eu sou carinhosa, beijo eles, abraço, a gente brinca. Eu sei que às vezes eles sentem até falta, devido a gente já tá tanto tempo na rua, mas Carinhoso já não abraça tanto, já não gosta. É muito difícil, nem ao pai, mas se eu pedir pra ele me dar um beijo ele diz: *"Tu vai me dar o quê?"* Aí digo, me dá um beijo que eu te dou dez centavos, ele diz: *"Vinte"*. Eu digo, vinte eu não dou, dou dez, dou vinte por dois beijos, dá?

E ele diz: *"Trinta"*. Mas no resto nós somos uma família assim, que a gente tenta fazer o melhor para com eles. Eu não poderia ter filhos porque eu não posso tomar anestesia, tenho pressão muito baixa, qualquer coisa cai a minha pressão. Então eu tentei tomar anticoncepcionais, mas eu não podia tomar nenhum porque a minha pressão baixava. Então eu fiz tabela durante quatro anos, aí aconteceu, eu engravidei, foi uma gestação que eu amei porque meus filhos já estavam grandes. Então eu tive muito zelo de fazer tudo, eu queria arrumar a roupa, o quarto... foi uma coisa muito boa, principalmente porque foi menino. Eu tenho quatro filhos, mas eu amaria que fossem os quatro todos homens, eu amo menino, e quando foi menino eu amei muito mais. Em termo de gestação eu não tive problema.

O parto foi tudo tranqüilo, natural, rápido, mamou até os 6 meses. Ele parou de mamar já com um ano, quando introduzi o alimento sólido, frutas, suquinho... Eu não me lembro muito a parte de alimento, porque quando ele tinha uns meses eu fui pra Bahia, eu morei um tempo lá, então eu trabalhava muito fora, e ele sempre ficava com alguém, mas eu sei que ele nunca gostou, desde bebezinho, de verduras, cheiro-verde, cebolinha, cenoura. Mas ele, dos filhos, é o que foi melhor alimentado, devido às condições, porque lá na Bahia a situação financeira da gente era melhor.

Ele come bem se ele fizer a comida dele, se ele pegar e botar no prato dele, aí ele come; ele ama farinha, se deixar ele só come farinha. Ele toma café com leite, pão, biscoito doce, lancha na escola, no almoço ele come o que tiver. Se for uma coisa que ele goste muito, ele come bem; ele ama ovo, arroz e feijão muito pouco, ele não come carne, não come frango, não come peixe... A família almoça junto e, se deixar, ele janta e ainda toma um café. Geralmente eu dou pouca janta pra ele poder tomar o café, pra ele não dormir com o estômago cheio. Durante o dia ele não come, mas à noite ele come muito.

Ele era um menino muito bom, só que quando eu fui pra Bahia tinha uma garotinha que mordia ele. Quando foi um dia, ele sempre ficou na dele, ele ficou só olhando ela morder, e quando ela acabou de morder ele deu um tapa na cara dela com muita força e passou a morder as pessoas que chegavam em casa. Aí eu comecei a conversar com ele, a dizer que não era assim, que ele tinha que parar com isso. Todos eles nunca brigaram em rua, sempre relevaram de alguém bater neles; eles ir lá e esmurrar, isso nunca aconteceu. Até essa semana agora, um coleguinha dele deu uma pesada no rosto dele, que ele chegou em casa e não agüentou nem comer.

Ele chegou em casa e eu perguntei, sabe quem foi? *"Não."*

Na escola, um coleguinha dele falou. Quando chegou lá, o menino falou que foi ele que começou, e ele falou: *"Mãe, eu não comecei, mãe, porque eu não brigo no colégio. Ele me bateu de maldade"*.

Ele ficou uns três dias com dor no ouvido. Não agüentava engolir. Aí eu dei um remedinho pra ele, tive que dar comida na boca dele pra ele poder engolir, que ele não agüentava nem mastigar, mas ele não é de briga.

O Carinhoso se parece mais com o pai, ele é mais quieto, mais reservado, mas quando eu reclamo dele uma coisa que ele não fez ele fala: *"Poxa, mãe, tu não sabe que eu não fiz isso?"* Ele se irrita e, naquela hora, eu o vejo igualzinho o pai.

Aconteceu um probleminha no colégio dele ano passado que me preocupou muito: ele tinha um coleguinha que vivia pagando as coisas pra ele, e eu alertava, olha, meu filho, tenha cuidado, eu não quero que você traga dinheiro pra den-

tro de casa; veja o que é que o seu coleguinha está fazendo, de repente ele pode estar pegando da mãe e do pai dele.
"*Mãe, uma vez eu vi o pai dele dando cinco reais pra ele.*"
Eu já fui no colégio falar com a professora, mas não consegui, porque ele não me mostrava quem era o menino, escondia de mim, e isso me preocupou, porque nesses dois meses tem sumido dinheiro em casa, não é muito, é dez centavos, cinqüenta.

Um dia eu mandei ele pegar um pente na minha bolsa e eu tinha convicção que tinha um real. Quando ele saiu, eu abri a bolsa, que eu precisei, e o dinheiro não estava lá. Ele foi pro colégio. Quando eu cheguei, eu chamei ele em particular e falei, olhe, meu filho, veja bem, quem rouba um real rouba um milhão, e um ladrão ele nunca consegue, meu filho, roubando de muito, ele começa de pouco, e se você pegou eu não quero falar nada, eu só quero que tu me diga a verdade, porque isso não é bom, porque você vai ser malvisto.

Falei um monte de coisa pra ele.

"*Mãe, eu te garanto que eu não peguei.*"

Pode até ser que não seja ele como o meu esposo falou:

"*Tu julgas as crianças.*"

Eu disse, então chama o Carinhoso pra conversar, porque só tava nós três acordados e o dinheiro sumiu da minha bolsa, e eu tenho certeza que tava lá.

"*Ah, tu julga as crianças, não é assim, não, tu tá pensando o que deles?*"

Você não está agindo como pai, você tinha que ter chamado e conversado, tentar descobrir se foi ele. Se ele estiver fazendo, a hora de cortar é agora. Sabe, eu me preocupo muito quando chega um lápis diferente dentro de casa. Meu filho, quem te deu esse lápis? "*Minha tia me deu.*"

Devolve. Eu sempre coloco moedinha num lugar pra ver se desaparece, se desaparece eu pergunto, quem pegou daqui. Carinhoso responde: *"Fui eu, esqueci, botei ali"*.

Um final de semana ele apareceu com um bonequinho lá em casa, eu falei, quem te deu? *"Foi meu colega."*

Olha, meu filho, se eu tivesse te dado um boneco desse e tu tivesse dado pro teu colega, tu iria apanhar, porque tu não pode dar nada que é teu, qualquer coisa que você dá pro seu colega eu tenho que saber, eu vou autorizar, então o seu colega não pode dar isso pra você. *"Mas, mãe, ele me deu, ele me deu."*

Antes eu até poderia perceber se foi ele que fez aquilo ou não, e hoje eu já não percebo, ele fala assim tão convicto: *"Se a senhora quiser me bater, me botar de castigo, pode botar, mas eu não fiz"*.

E aí eu já não consigo, eu não posso ser injusta.

## COMENTÁRIO

A mãe do menino sinaliza estar ressentida pela ausência do pai durante a entrevista. Suas queixas são sobre o marido e o pai, cujos papéis deixam a desejar, embora ele seja preferido por Carinhoso.

Percebe-se em seu discurso que ela se julga superior ao marido. Quanto ao menino, ela o percebe como uma criança reservada, discreta, que guarda segredos, obediente e atualmente melancólico, talvez afetado pela mudança de casa e pelas brigas constantes entre seus pais.

A aprendizagem de Carinhoso é afetada, bem como o desenvolvimento social, pois o menino às vezes mente em casa.

## ENTREVISTANDO CARINHOSO

— Oi, Carinhoso. Vamos conversar e gravar para depois escutarmos nossas vozes?
— Tá.
— Como é o seu dia?
— Levanto cedo, tomo banho, tomo meu café e vou pra escola. Depois volto, peço pro papai deixar eu brincar na rua. Ele deixa, eu fico até umas seis horas, volto, vejo TV, janto e vou dormir.
— O que você come no café?
— Café com pão e só.
— Lancha na escola?
— Às vezes.
— E o almoço?
— Arroz, feijão, ovo, farinha, carne, frango.
— Lancha à tarde?
— Às vezes.
— O jantar é igual ao almoço?
— Sim, e também tomo café com pão.
— Você me parece muito quieto. É assim lá na rua também?
— Não, eu jogo bola, eu danço na frente do espelho.
— O que você gosta de dançar?
— Brega.
— Tem muitos amigos na escola?
— Só o Melodia.
— Eu vi outro dia você no jogo de futebol olhar feio para o seu colega. O que houve?
— Ele me empurrou e eu não gostei.
— Você, quando está zangado, só olha feio ou também reclama?
— Eu não falo nada.

## COMENTÁRIO

Carinhoso demonstrou ter um bom relacionamento com os colegas, principalmente com Melodia, com quem conversa mais. Pareceu conter a expressão dos sentimentos, também não indicou tendências à liderança. Falou muito pouco e sugere uma timidez. O sorriso é discreto. Pareceu bastante observador.

## CONTANDO HISTÓRIAS – CAT-H

Três pessoas e uma mesa comendo, depois eles foram brincar, brincar de corda, e o último tinha que vencer, depois eles foram conversar com seus pais. O menino no chão e o pai na cadeira, depois ele foi andar de bicicleta. Uma moça passando com um bebê. A cama estava arrumada e dois bebês em um berço, perto da cama tinha um abajur, e a casa era de madeira. A mãe e o pai dormiam na cama e o filho acordado. O monstro queria pegar o menino, e o menino fugiu. Quatro pessoas: a mãe reclamando com o filho e o outro contando piada. O bebê acordou no berço e estava no quarto. O menino foi pro banheiro... tomar banho.

## COMENTÁRIO

A descrição é literal, porém o menino está atento ao que o pesquisador fala. Por meio de gestos, pede para passar as pranchas. Pergunta: "O que é isso?", ao que o aplicador responde: "O que você acha que seja?" "Um monstro", responde. Nesse momento, cruza as mãos, unidas na forma de cruz em torno do corpo. Após essa prancha, a única que suscitou um comportamento diferente, o menino solta as mãos.

Duas manifestações se destacam: a força vital do menino, que o leva a fugir do monstro; a sexualidade desperta — o menino vai tomar banho (confirmada na entrevista com Carinhoso, que narrou sentir o pênis ficando ereto quando dança sozinho em frente ao espelho).

## AVALIAÇÃO FONOAUDIOLÓGICA E ODONTOLÓGICA

A avaliação fonoaudiológica e odontológica não foi realizada em conjunto por causa da falta do menino no dia em que o exame ocorreu na escola, por isso será mais sucinta.

Sua avaliação posterior foi no consultório: o menino possui oito incisivos — central e lateral — superiores e inferiores permanentes; quatro caninos decíduos superiores e inferiores; oito primeiros e segundos molares decíduos superiores e inferiores; quatro primeiros molares permanentes superiores e inferiores.

Em síntese, não apresenta nenhuma alteração que interfira na mastigação e na deglutição.

## PERCEPÇÃO DA PROFESSORA

Carinhoso é uma criança carente de tudo: de afeto, de dinheiro; não tem caderno, escreve em papel com pauta. A família é ausente, não tem acompanhamento em casa. Sua aprendizagem não é ruim, mas poderia ser melhor. Tem problema de visão e precisa usar óculos. Alguém falou que era feio, ele deixou de usar. Perguntei pelos óculos, estimulei o uso. Não tem um comportamento ruim, é uma criança que aceita, entende, mas o dever de casa ninguém olha, não ligam. Suas notas são regulares: 6, 7. Vai passar, mas o ritmo é esse. Acredito que, se não tiver apoio, pode cair na terceira ou na quarta série.

## INTEGRANDO A COMPREENSÃO DO DESENVOLVIMENTO EMOCIONAL E SOCIAL DE CARINHOSO

O menino parece que engole mais do que mastiga os próprios sentimentos, o que sugere que a metabolização não está atuando em seu psiquismo. Carinhoso vivencia em silêncio a desarmonia que seus pais demonstram, o que o faz reter em seu coração os afetos, resistindo à pressão da mãe para comprar seus beijos. Essa atitude de resistir é favorável ao desenvolvimento emocional de Carinhoso. A resistência também aparece no CAT-H, quando o menino foge do monstro.

Faltam a Carinhoso cuidados sistemáticos que contribuam para seu desenvolvimento emocional, social e de aprendizagem. Além dos conflitos familiares em virtude da eminente separação dos pais, o problema financeiro se reflete na expressão geral do menino.

As inúmeras perdas de Carinhoso (entrar na escola na mesma série que já havia cursado; casa; referência familiar; visão — precisa usar óculos e não o faz por ser apelidado na escola) contribuem para a retração das fronteiras de contato. Hipotetizamos que a nutrição psicológica, no momento, é insuficiente para o provimento de força, para a auto-estima e o autoconceito.

## CASO 3: CHEFINHA, MENINA DE 9 ANOS

### OBSERVAÇÃO 1

Chefinha saiu da sala de aula acompanhada de duas colegas. Segurava duas vasilhas e duas bonecas. Caminhando bem devagar, foram até uma mesa no pátio da escola. Decidiram não ficar lá e se encaminharam para a ante-sala do auditório da biblioteca. Chefinha depositou o lanche numa mesa e começou a comer: havia trazido de casa iogurte e bolo. Ela e suas colegas falavam e riam o tempo todo enquanto comiam; ficaram em pé, pois não havia cadeiras no local. Chefinha provou o lanche das colegas e ofereceu o seu a estas; perguntou a uma delas se o bolo que trouxera estava gostoso.

Uma das meninas espremeu laranja na cabeça da outra. Chefinha riu, mas limpou o cabelo da colega. A outra colega delas perguntou quem queria comer do seu lanche, Chefinha respondeu que queria e uma delas comentou: "Por isso que ela é gorda!"

Chefinha continuou comendo o lanche e agindo naturalmente. Quando terminou, recolheu a vasilha e as bonecas; enquanto esperava as colegas, começou a pular e as chamar para a sala. Chegando lá, pegou uma bolsinha porta-moedas de sua mochila e ficou brincando dentro da sala. Saiu correndo e disse para uma colega que ia comprar bombom — todas as outras a seguiram. Ela comprou bombons e dividiu com as amigas. Voltou para a sala, continuou brincando e comendo bombom. A campainha tocou. Chefinha bebeu água que uma das colegas tinha na lancheira, sentou-se e brincou com suas bonecas até o reinício da aula.

OBSERVAÇÃO 2

Chefinha pegou em sua mochila uma vasilha e foi correndo até o pátio em frente ao auditório da biblioteca, onde já estava um grupinho de meninas. Sentou-se no chão, abriu a vasilha, pegou o iogurte que estava lá dentro, furou-o com os dentes (é um iogurte de saco) e bebeu rapidamente, sugando e espremendo o saco com as mãos. Abriu um saquinho de chiclete, desses que vêm em formato de frutas, pegou um, mordeu de pedaço em pedaço e, quando estava quase terminando, ofereceu às colegas — uma delas aceitou e comeu. Chefinha pegou o segundo chiclete que veio nesse saquinho, segurou-o diante de si, olhou para ele, arregalou os olhos, lambeu os lábios e o colocou inteiro na boca. Enquanto isso, conversou e ficou brincando com o papel do bombom. Todas terminaram o lanche e se levantaram. Ao sair desse local, a menina pegou mais um chiclete e também o comeu aos pedaços. Voltou caminhando com as colegas para a sala, guardou a vasilha e as convidou para brincar; foi escolhida para ser a mãe. Correu enquanto mastigava um chiclete imenso com a boca aberta. A campainha tocou e Chefinha retornou à sala, pegou uma vasilha com água na sua mochila, limpou a tampa com as mãos, bebeu a água e guardou a vasilha.

## OBSERVAÇÃO 3

Chefinha pegou uma vasilha e uma toalhinha e foi caminhando com uma colega até o local de sempre (o pátio). Sentou-se, colocou a toalha sobre as pernas, abriu a vasilha, pegou o iogurte, abriu-o com os dentes e o bebeu bem devagar, em intervalos; segurava o iogurte e conversava com as colegas. Durante as duas últimas observações, só tem trazido esse iogurte de casa. Quando acaba, joga a embalagem no chão, limpa a boca e o nariz com a toalha.

Gripada, tossia enquanto comia. Hoje falou bem menos; estava atenta à conversa das colegas, mas não falou muito. Uma das colegas tomou um xarope com a ajuda de outra, Chefinha aproximou-se para ver o conteúdo da colher e disse: "Ah, eu gostava disso!" Outra colega também tomou o xarope e Chefinha riu quando esta fez uma careta.

Todas levantaram e voltaram caminhando para a sala. Uma das meninas disse que ia comprar bombom — todas a acompanharam. Chefinha foi segurando no ombro da colega. Voltaram para a sala e a colega deu um bombom a cada uma. Chefinha pegou o bombom, mordeu um pedaço e disse: "Bora ver quem não faz careta?" Contou de um até três, colocou o bombom inteiro na boca e as outras fizeram o mesmo; mastigava e dançava ao mesmo tempo. Isa fez careta e saiu da brincadeira (o bombom tem um líquido azedo). Sugeriu novamente a aposta e pediu à colega que desse mais um bombom a cada uma — o que esta não aceitou. Todas jogaram o saquinho de bombom no lixo. Chefinha convidou as amigas para brincar de pira-esconde, elas toparam. Ela escolheu a mãe e saiu correndo — voltou para a sala. A colega pegou um bombom no estojo, Chefinha pediu um, mas ela não deu.

OBSERVAÇÃO 4

Assim que tocou a campainha, Chefinha foi com uma colega até a área da cantina, entrou na fila da copa do colégio, onde estavam dando lanche. A fila estava bem grande; enquanto esperava, brincou e conversou com a colega. Quando chegou perto da sua vez, ela ficou na ponta dos pés para ver que comida a moça estava servindo. Quando chegou sua vez, ela recebeu o prato, pegou uma colher e, enquanto esperava a colega, mexia a comida. A colega chegou e elas andaram até o refeitório, Chefinha comia enquanto caminhava. Sentou-se à mesa e comeu macarrão com salsicha.

Colocou quatro colheradas bem cheias na boca, mastigou poucas vezes e engoliu rápido. Levou novamente a colher cheia de macarrão à boca, a metade ficou para fora, e ela foi puxando essa metade aos poucos. Comeu rápido, girou o prato, uniu o que restou e comeu; lambeu a colher quando acabou. Terminou antes das colegas e as esperou. Quando estas acabaram, Chefinha levantou-se, limpou os dentes com o dedo, devolveu o prato e retornou à sala.

Uma das colegas perguntou: "Quem quer brincar de banco?" Todas levantaram o braço e a menina pegou em sua mochila réplicas de dinheiro. Chefinha pegou um monte e disse: "Vou ser a bancária!" Ninguém se opôs e todas ficaram brincando.

## ENTREVISTA COM A MÃE DE CHEFINHA

A Chefinha não é uma menina de tá fazendo bagunça, de ficar correndo dentro de casa, de ficar fazendo arte. Ela é uma menina quieta assim: quando está em casa, gosta de ficar brincando, de ficar vendo televisão, ela é uma menina carinhosa; quando eu tou em casa, ela sempre está perto de mim, gosta de estar conversando, ela é uma menina muito comunicativa, obediente. Graças a Deus ela é bem obediente, tudo o que eu peço pra ela ela faz.

É claro que ela também tem uma personalidade forte, algumas coisas que ela não acha certo, que às vezes querem comprar ela, ela também não aceita. Mas quando ela não aceita ela não é aquela menina que grita; não, ela procura contra-argumentar comigo, e às vezes faz que eu mude de idéia a respeito daquela coisa. Ela se impõe na conversa, dizendo o que é que ela quer.

Em relação à alimentação dela, às vezes ela não quer determinadas coisas, como ela tem um peso assim... Faz tempo que eu não levo ela no pediatra, mas vejo pelo corpo dela que ela está acima do peso, aí às vezes ela quer tomar sorvete e eu digo não, hoje não, aí eu marco outro dia e a gente vai. Às vezes a gente tá na sorveteria e ela quer dois e eu digo não, pra nós só um. Às vezes ela fica assim... Aí eu digo então tá, só mais um pra nós duas.

Olha, a alimentação dela era de acordo com o que a pediatra orientava. Ela mamou até os 7 meses, mas aí, com 4 meses, ela começou a tomar outras coisas. Antes era só o leite do peito, depois ela começou a comer fruta, e com 6 meses passou a tomar sopa. Até os 9 meses o corpo dela era normal, quer dizer, o corpo dela não era forte assim, ela era até um pouco magra pra idade dela.

Eu não lembro se foi eu que pedi ou se foi a pediatra mesmo que mandou eu dar Sustagen. Aí eu comecei a dar, e quando ela fez um aninho ela já tava gordinha. Aí eu suspendi o Sustagen, ela continuava se alimentando bem, tomava muita sopa. Aí ela foi engordando, engordando, e não voltou mais praquele corpinho, sempre ficou assim. Eu achava que ela era magrinha pra idade dela, aí veio o Sustagen, vitaminas, remédios.

Geralmente, ela come assistindo televisão junto com o pai dela. Eles chegam juntos, aí vão os dois pra frente da televisão e almoçam lá. No final de semana, eu tou em casa, e geralmente a gente almoça na mesa, todo mundo.

O café dela é um copo de mingau de Neston. Desde pequena que ela toma isso. No lanche ela leva um iogurte, não tá mais nem trazendo bolacha; quando ela chega em casa, almoça normal; à tarde, às vezes, ela come uma banana, uma maçã, depois ela janta mingau de Mucilon. Quando ela não toma o mingau, come duas bananas amassadas com leite, ou então mamão com leite. Ela não come escondido, prefere doces e é mais final de semana que eu faço, não é todo final de semana, porque eu fico pensando nela, porque ela gosta e come, aí algumas coisas eu evito de fazer dentro de casa.

Eu controlo ela um pouco assim, alguma coisa eu corto; se eu deixar, tudo que aparecer ela come, mas tudo o que ela vai comer ela me pede. Por exemplo, tem uma goiabada na geladeira, eu gosto de goiabada com creme de leite, mas só como escondido dela porque, se eu não fizer assim, na hora que eu vou comer, ela quer também. Eu já tinha comido a metade daquela goiabada, aí ela achou escondido na geladeira e disse: *"Essa goiabada aqui eu ainda não comi nem um pedaço"*. Eu disse: mas essa goiabada não é pra você, essa goiabada é do teu pai. Ela se conformou.

Desde esse dia eu não comi mais, ainda tá lá na geladeira. Então é assim, quando vou fazer uma coisa que eu sei que ela gosta e que é uma coisa pesada, eu procuro comer escondido, quando ela vai dormir.

Às vezes eu faço creme de bacuri, de cupuaçu, dou pra todo mundo, termino de comer e vou lá pra cozinha. Aí ela vem atrás de mim porque já sabe o que vai acontecer, ela já sabe que eu vou comer o doce. Aí eu coloco a minha vasilha na pia, ela coloca a dela, vou lá pra sala, mas quando eu vou comer de novo ela vem junto comigo.

Tudo que eu comer que ela gosta, ela quer comer também. Às vezes eu digo não vou comer e você não vai comer também, fico limitando. Quando é uma coisa que eu quero, ela diz: *"Eu não vou comer, tu não vai comer também"*. A gente fica uma controlando a outra, porque ela diz: *"A senhora também não pode engordar"*.

Se eu comer assim, exagerar, eu engordo, eu engordo fácil. O que me salva é que eu trabalho de tarde, então eu almoço e vou trabalhar, mas quando eu tou em casa, final de semana, geralmente eu almoço e vou dormir, aí pronto, isso é terrível.

A gravidez foi planejada, eu tenho três, ela foi a terceira, parto normal. Cresceu normal. Quando ela fica chateada, a gente percebe logo, depois ela fala o que tá chateando. Ela não é de gritar, de chorar, de berrar. Ela é uma menina bem disciplinada nessas coisas, não é uma menina malina, de brigar com outras colegas, com outras crianças, nunca foi. Na escola, com o estudo, ela é boa. A professora diz que a Chefinha tira de letra. Ao chegar em casa, ela almoça, depois pega logo o caderno e vai fazer o dever. Não me dá trabalho de eu ter que estar explicando — uma vez ou outra que eu tenho que explicar alguma questão.

Agora eu não sei se já é da idade dela arrumar as coisas dela, arrumar o quarto... Os meus filhos eu sempre criei assim: até os 12 anos eu quero só que eles brinquem, não precisa ter aquela responsabilidade de arrumar. Aí dos 12 anos que eu começo: precisa fazer o café, precisa lavar uma louça, eu vou ensinando. Eu acho bom eles brincarem bastante, mas de vez em quando eu peço pra eles fazerem alguma coisa pra mim, mas não aquela coisa de tem que fazer.

COMENTÁRIO

Chefinha é percebida pela mãe como uma menina quieta, carinhosa, comunicativa, obediente e também de personalidade forte.

Quando tinha 1 ano, a menina foi superalimentada com vitaminas para que engordasse. Essa atuação equivocada da mãe é originada socialmente, isto é, culturalmente cremos que crianças saudáveis são crianças gordinhas.

Nutrir organicamente para esta mãe parecia um sinônimo de cuidado, porém a área da alimentação tem se mostrado como canal de controle mútuo — a mãe submete a menina a um regime pois está acima do peso; por sua vez, a menina vigia a mãe para que não repita várias vezes a degustação da sobremesa. Ambas apreciam os doces. Às vezes, a mãe os come escondido da filha mesmo com receio de engordar.

**ENTREVISTANDO CHEFINHA**

— Como é essa menina bonita? Qual é o jeito dela?
— Brincalhona, estudiosa, molecona.
— Você tem irmãos?
— Tenho dois mais velhos. O meu irmão mais velho tem 16 e o outro tem 12, eu tenho 8.
— Você acorda que horas?
— Seis horas, vou direto pro sofá que eu ainda tou com sono, aí eu fico deitada lá, aí passa o sono, aí o papai me chama pra eu tomar café.
— O que você come no café?
— Mingau de Neston, só o mingau. Quando eu não venho pra cá, aí eu tomo café com leite.
— Junto com o mingau?
— Não, só café com leite e pão.
— Quantos pães você come?
— Um. Aliás, a metade só com manteiga. Depois tomo meu banho, vou me vestir, eu fico brincando lá, aí quando não dá vontade mais de brincar eu ligo a televisão e fico vendo até a hora do almoço. Aí eu vou lá pra cozinha e almoço feijão, macarrão e bife, escovo o dente, depois eu brinco, aí faço meu dever de casa e depois continuo brincando.
— Sua mãe e seu pai trabalham?
— Trabalham, só que um trabalha de manhã e o outro à tarde.
— Você de manhã lancha antes do almoço?
— Lancho um iogurte.
— Você come rápido ou devagar?

— Nem muito rápido nem muito devagar, costumo mastigar rápido.
— Que jeito é o papai?
— Dorminhoco, engraçado e brincalhão.
— E a mamãe? Como é o jeito dela?
— Vaidosa... (silêncio) Ela é legal e... engraçada.
— Você parece mais com o papai ou com a mamãe?
— Com a mamãe. O meu irmão maior também parece mais com a mamãe, e falam que eu tenho a cara do meu irmão; o mais novo parece com o papai.
— Quem briga mais contigo, o papai ou a mamãe?
— O papai.
— O que é que ele diz?
— Quando é pra eu tomar banho e eu não quero, ele diz: "Vai logo". Se eu não for, ele me dá puxão de orelha. Ele vai logo reclamando para cima de mim, e eu vou é correndo pro banho que eu não quero ficar surda.
— Mas ele bate?
— Não muito.
— Quem bate mais: papai ou mamãe?
— Mamãe, quando ela me manda tomar banho e eu não quero, quando ela me manda almoçar e eu não quero, quando eu não vou pra aula e é meio-dia. Ela me manda almoçar, mas eu não quero almoçar, porque eu sou acostumada a almoçar sempre duas horas, por causa que eu só saio daqui quase duas horas. Aí chego lá em casa duas horas. Não tenho fome assim porque eu gosto de almoçar com o papai.
— Quando chega meio-dia e você não está na escola, mamãe quer que você almoce e você quer esperar o papai?
— É.
— Como é seu dia na escola?
— Tenho muitas amigas, gosto de brincar de pira-esconde.

— E o lanche? O que é que você traz para a escola?
— Iogurte com bolacha. Só que agora eu cortei maçã e bolacha, só tou trazendo iogurte.
— Por que você cortou?
— Porque a mamãe me colocou de dieta.
— E você acha que tá precisando?
— Acho, eu tô muito... assim... mais cheia.
— Você sempre foi assim cheinha ou não?
— Sempre fui assim.
— E isso tá te perturbando?
— Não, só que aí a única coisa que me perturba é que meus irmãos ficam me chamando de gorda.
— E na escola?
— Na escola, não.
— Quando os seus irmãos te aborrecem, o que é que você faz?
— Eles correm e eu vou atrás deles. Quando eu tô zangada, eu vou pro meu quarto e me tranco lá. Eu fico brincando, ligo o ventilador, ligo a televisão.
— Você come escondido?
— Como. Assim, quando eu faço bananada, eu sempre olho pra vê se tem alguém vindo, aí eu pego o leite, que eu coloco leite, aí eu pego uma colher e vou... e começo a comer leite e doce de leite, gosto mais de doce.
— E o jantar é comida ou lanche?
— Eu janto o mesmo do café da manhã, mingau!
— Que mais você quer dizer?
— Nada.

## CONTANDO HISTÓRIA – CAT-H

Eles estão almoçando ou jantando. Eles estão brincando de cabo de guerra. Um homem sentado numa cadeira, tinha uma criança do lado. O que ele está fazendo, vendo TV? Passear? Uma moça, indo pra casa dela com uma criança e outro filho dela atrás. Eu tou conseguindo ver um quarto com duas crianças tentando dormir. Só. Duas crianças dormindo, uma acordada, uma montanha lá atrás. Só. [Aqui franze o cenho.] Um gigante querendo pegar uma criança, e a criança fugindo. Ele vai pegar a criança. Duas pessoas tomando café, uma moça sentada com o filho dela. O filho dela saiu. Só. Uma porta aberta, uma criança no berço, um espelho. Um homem, uma criança. O homem limpando a criança.

COMENTÁRIO

Chefinha teve muita dificuldade em expressar-se até a introdução, na oitava prancha, de uma modificação na técnica — ofereci o papel para que ela escrevesse a sua historinha. Ao receber a caneta, escreveu em um minuto as duas frases, enquanto para contar o que aconteceu, o que estava acontecendo e o que aconteceria nas demais pranchas demorou muito tempo. Ficava olhando para as pranchas, para os pesquisadores, para o lado, de baixo para cima, sem mostrar entusiasmo durante o trabalho.

Balançava os pés, apoiava a cabeça na mão esquerda, enquanto desenhava na mesa com a direita.

AVALIAÇÃO FONOAUDIOLÓGICA E ODONTOLÓGICA

Chefinha mostra-se pouco colaborativa. Faz uma expressão de quem não está gostando. Diz que não gosta de comer carne, que mastiga, mastiga e não consegue engolir. Balança os pés, parece inquieta. Olha para a pesquisadora, o que a faz colaborar, contudo continua balançando os pés. Olha séria para a fonoaudióloga, prende os braços e as mãos entre as pernas. O corpo permanece preso, encolhido, para dentro. Temos a impressão de que a menina quer mostrar que está comendo por obrigação, não por prazer.

O seu exame mostrou lábios na posição superior com limite inferior no início dos incisivos superiores; mobilidade normal; freio superior curto e extenso, de caráter fibroso, com inserção baixa, e freio inferior curto e extenso, baixo; tônus normal; língua no soalho da boca; posição, mobilidade, freio e tônus normais; dentes: quatro incisivos centrais superiores e inferiores permanentes; quatro incisivos laterais superiores e inferiores permanentes; quatro caninos decíduos superiores e inferiores; primeiros e segundos molares decíduos superiores e inferiores; quatro primeiros molares permanentes superiores e inferiores, com leve apinhamento inferior, sem comprometimento da forma da arcada; conformação e inclinação normais, sem cáries e diastemas (espaços entre os dentes).

Bochechas ligeiramente assimétricas, palato duro e mole normais, sem alteração da mobilidade; amígdalas e adenóides hipotrofiadas; mentalis relaxado; respiração nasobucal; deglutição de sólidos com movimentos rotatórios bilaterais com resto alimentar; de úmidos, normal; de pastosos, com projeção anterior; de granulados, com mastigação anterior; de líquidos, com projeção anterior.

## PERCEPÇÃO DA PROFESSORA

A menina é um doce, meiga, gostosa, escreve para mim mensagens boas. Tem tudo o que uma professora espera de um bom aluno, mas é lenta na escrita, não tem agilidade porque quer tudo perfeito. Vive bem com a família num clima de respeito e união. Aqui todo mundo gosta dela. Não é líder porque ela gosta de participar, não gosta de mandar, gosta de ser amiga de todos. Na cabeça dela, acho que ela não gosta de ser para não criar inimizades. Sempre foi gordinha desde a alfabetização, mas não a vejo comer muito na escola, também não a vejo ser apelidada. Desde o início do ano trabalhamos os conceitos de amizade e união.

## INTEGRANDO A COMPREENSÃO DO DESENVOLVIMENTO EMOCIONAL E SOCIAL DE CHEFINHA

Da mesma forma que as demais crianças de sua idade, Chefinha experimenta viver o dinamismo da dialética figura e fundo. Com base nas observações, percebemos alguns traços de sua personalidade que revelam polaridades: alegria/tristeza, comunicação/silêncio, seriedade/humor.

Fernandes (1995) afirma que as crianças se expressam espontaneamente e interagem muito mais por meio do intuitivo, do sensível, do experienciado, que pela verbalização que expõe um raciocínio lógico ou um conhecimento intelectual. Assim, quando Chefinha sente-se alegre e feliz, demonstra claramente seus sentimentos por meio das conversas, brincadeiras e interações no grupo. Quando não está bem, em determinados momentos figuram-se na sua expressão uma seriedade e talvez até mesmo uma tristeza que ela não se preocupa em não demonstrar.

Para confirmar essa análise é necessário uma investigação minuciosa dos contextos que exercem influência sobre o comportamento da menina, o que não é o objetivo deste trabalho.

Alguns recortes das observações ilustrarão a interação sensível de Chefinha:

Chefinha e suas colegas falam e riem enquanto lancham [...] Chefinha prova o lanche das colegas, oferece o seu e pergunta a uma delas se o lanche que a mãe fez está gostoso...

[...] fica brincando dentro da sala, sai correndo e diz para uma amiga que vai comprar bombom, volta para a sala, continua brincando e comendo bombom...

[...] hoje está falando bem menos, está atenta à conversa das colegas, mas não fala muito...

[...] sai da sala, procura pelas colegas, as chama para a sala e as convida para brincar; é escolhida para ser a mãe, brinca um bom tempo de pira-esconde...

É interessante observar como as crianças fluem, pois reagem às suas necessidades emergentes. Nessa fase em que já possuem o domínio da linguagem e a cognição bem desenvolvida, elas demonstram os seus sentimentos e as suas emoções. Acreditamos que a infância é a fase em que o ser humano expressa com maior freqüência a "fala autêntica", que, segundo Amatuzzi (1989), é a fala original, formulada e dita pela primeira vez no momento do pensamento, uma fala que permite à criança assumir-se como pessoa no mundo.

Os gestos e a postura corporal também são uma importante expressão de suas polaridades. Chefinha pode falar que está zangada ou apenas ficar em silêncio, com expressão séria, como também pode cantarolar e conversar bastante, quando se sente alegre, ou simplesmente sorrir e brincar sem dar uma palavra. O pólo visível varia em conformidade com a figura que emerge a cada instante.

Aos 9 anos de idade, Chefinha está na fase do desenvolvimento chamada de *infância intermediária* — já passou por diversas transformações biológicas e psicológicas, possui certa independência de seus pais pelo fato de passar boa parte de seu dia na escola, onde interage com as demais crianças da sua idade.

Papalia (2000) afirma que nesta fase as crianças não se contentam em apenas brincar; acresce-se ao seu cotidiano a idéia de produtividade em virtude de um rápido crescimento cognitivo. Elas buscam o reconhecimento do esforço empreendido para realizar suas tarefas em casa ou na escola.

Nesse período, as brincadeiras são mais complexas e a separação dos gêneros é mais nítida, ou seja, brincadeiras para "meninas" e brincadeiras para "meninos". É por meio do brincar que as crianças descarregam a energia física e psíquica, sentem prazer em competir, além de desenvolver seus modos de conviver com o grupo.

Desde os primeiros anos de vida, as crianças influenciam-se e atraem-se mutuamente, mas é na infância intermediária que o grupo de companheiros se consolida e passa a ter vida própria. Esse aspecto do desenvolvimento social foi fato marcante em nossas observações. Chefinha sempre estava na companhia de suas amigas — meninos e meninas não se misturavam, e as brincadeiras eram diferentes.

Os cuidadores precisam atentar para as influências que o grupo de amigos exerce sobre a formação da personalidade da criança, visto que ela assume e expressa as características que absorveu dos outros. Assim, é necessário nutri-la para que fortaleça e complete o processo de metabolização psicológica. No campo das mudanças físicas, a forma corporal não está adequada para a sua idade — está acima do peso. No campo psicossocial, parece estar engolindo mais que mastigando, digerindo e expelindo, pois é percebida como menina boazinha e doce. Talvez seja oportuno oferecer à menina oportunidades para expressar sua agressividade positiva, para que não se torne uma mulher que buscará compensação nos doces, uma vez que Chefinha os adora.

A menina segue seu processo de crescimento passando por transformações físicas, psicológicas e sociais. No campo do desenvolvimento emocional é que percebemos a importância de reavaliar os alimentos oferecidos para a sua nutrição psicológica, pois parece estar deslocando para a comida e os doces a fonte de resolução de algumas questões presentes no seu mundo.

## CASO 4: SAPECA, MENINO DE 8 ANOS

### OBSERVAÇÃO 1

A campainha tocou. Sapeca arrumou seu material lentamente. Foi um dos últimos a sair da sala de aula. Antes, falou com a professora que iria comprar um refrigerante e um suco, ao que ela perguntou: "Um refrigerante e um suco?" Então ele respondeu que iria comprar um dos dois. Depois saiu correndo na direção da cantina e comprou um refrigerante.

Sapeca voltou caminhando na direção da sala de aula; no percurso, falou ligeiramente com duas colegas. Entrou na sala, colocou o refrigerante sobre a sua mesa, abriu a mochila e retirou uma vasilha de plástico com um sanduíche. Sentou e começou a se alimentar, comendo devagar. Na sala estavam apenas ele e a observadora. O menino comeu dizendo: "Huuum, sanduíche" — parecia estar apreciando muito o que comia. Perguntei a ele o que tinha em seu sanduíche e ele respondeu que só tinha alface.

Durante o lanche, Sapeca conversou com dois colegas que entraram na sala e tocou na bola que eles jogavam. Depois deixou um pequeno pedaço do sanduíche na lancheira, limpou a mesa com sua toalha, guardou tudo na mochila, jogou o copo na lixeira, empurrou os dois colegas para fora da sala, e juntos correram para o corredor, onde começaram a brincar de pira.

Os meninos se empurravam muito enquanto corriam. Sapeca entrou e saiu da sala de aula pela janela várias vezes durante a brincadeira. Quando acabou o recreio, Sapeca entrou correndo na sala. Ele e alguns colegas passaram a entrar pela porta e a sair pela janela, depois corriam para as escadas, subindo e descendo muitas vezes, até a professora chamar. Sapeca sentou em sua cadeira e retornou às atividades escolares.

OBSERVAÇÃO 2

Sapeca estava fazendo prova. Debruçado sobre a mesa, respondia às questões. Quando acabou, entregou para a professora e perguntou se poderia sair para lanchar. Ela disse que sim. Hoje, o menino trouxe bolo de chocolate e refrigerante. Começou bebendo todo o refrigerante, mastigando moderadamente, nem lento nem rápido. Não comeu todo o bolo, deixou um pedaço pequeno. Lanchou novamente sozinho dentro da sala de aula. Quando terminou, saiu da sala, andou pelo corredor, subiu as escadas. Do andar superior chamou a observadora: "Ei, tia, olha eu aqui". Ela respondeu: "Oi, Sapeca, estou vendo você". O menino desceu as escadas e saiu andando sozinho pelo corredor. Hoje o menino não brincou com os colegas. Quando a campainha tocou, voltou para a sala de aula.

OBSERVAÇÃO 3

Sapeca correu para a cantina. Lá encontrou uma colega de quem tentou arrancar o lanche, sem conseguir, pois a menina puxou a comida sem deixar que ele pegasse. Voltou para a sala e convidou um colega para brincar de pira; simultaneamente, fez sinal de que ia pegar o salgadinho que o colega comia. Um terceiro foi na direção dos meninos e Sapeca pediu a este que não batesse nele.

Sapeca foi para a sua cadeira e a observadora perguntou se ele não ia lanchar, ao que o menino respondeu que o pai tinha esquecido de colocar o lanche na sua mochila. A observadora ofereceu lanche ao menino, que respondeu que o local onde ele gostava de comprar já estava fechado.

O menino saiu novamente para o corredor na direção do grupo que estava jogando futebol. Entrou no jogo na posição de goleiro, mas começou a empurrar-se com outro colega, que caiu. Sapeca correu e o colega foi atrás dele. Correram por vários corredores, pararam e começaram a conversar. Os dois voltaram para o mesmo grupo no qual jogavam bola anteriormente. O grupo não deixou os dois voltarem ao jogo. Os dois meninos chamaram a observadora para pedir aos colegas que os deixassem jogar, ao que ela respondeu: "Peçam". Eles retrucaram: "Já pedimos".

A observadora perguntou ao menino que parecia ser o líder do grupo por que não deixavam os meninos jogar, ao que o garoto respondeu: "A bola não é minha". Sapeca aproveitou e voltou para a posição de goleiro. Brincaram até a campainha soar. Voltaram todos para a sala de aula. Sapeca se aproximou da observadora, olhou rapidamente o que ela escrevia em seu bloco de notas e depois foi para a sua cadeira.

OBSERVAÇÃO 4

Sapeca havia trazido para o lanche pão francês com alface. Comeu o sanduíche andando atrás de um colega de classe dentro da própria sala de aula, a quem pediu um pouco da sua bebida, mas o colega não lhe deu. Sentou no chão com dois outros colegas e começaram a jogar pião. Em seguida, os três saíram correndo e foram jogar pião no corredor.

Continuaram correndo e jogando pião em outros corredores. Sapeca tocou no cabelo da observadora, voltou para a sala, saiu, dirigiu-se à cantina e tomou água do bebedouro. Voltou para a sala e ficou na porta, com os braços abertos, impedindo a passagem de alguns dos seus colegas. Depois saiu pela janela. Os colegas aproveitaram e fecharam a porta. O menino empurrou a porta que o colega segurava — não conseguiu entrar. Voltou para a cantina e bebeu água no bebedouro. A campainha tocou, o menino saiu correndo e gritando até a sala de aula. Ao entrar, um colega comentou que Chefinha, que ia passando pelo corredor, havia voado, ao que Sapeca respondeu, baixinho: "Você não sabe que baleia não voa?"

ENTREVISTA COM A MÃE DE SAPECA

Sapeca é o primeiro filho; são dois, ele e a Carolina, que tem 6 anos. A gestação foi tranqüila, só tive problema no parto: eu tive descolamento de placenta e fiz cesárea. Aí ele nasceu e não chorou, o médico disse que ele teve um pigarro (Apigar). Normalmente é sete, o do Sapeca foi três e muito baixo, devido esse problema que eu tive de descolamento. Mas foi uma coisa que foi resolvida, não teve nada grave que precisou receber sangue — ele foi só pra observação.

Eu tive que tomar alguns antibióticos e isso afetou a amamentação. Ele mamava muito, era viciado em peito. Pra tirar o Sapeca do peito foi uma coisa de louco. Ele mamou até os 9 meses, isso porque eu tive que ir trabalhar, mas com 4 meses eu já tinha retornado para o trabalho e ele sentiu muito. Ele não comia direito, a minha mãe ficava com ele e chorava porque ele não conseguia comer. Ele não gostava da papinha, do mingau, do leite, o que desse ele recusava. Só queria saber do peito.

Mas com o problema da minha cirurgia tive que tomar alguns antibióticos, e isso afetou o intestino dele. Ele fazia muito cocô, assim, dele ficar muito assado na época. E agora o Sapeca também tem um problema sério de intestino: ele não faz cocô com freqüência. Até anteontem ele teve uma crise de dores abdominais sérias em casa. Ele sente dor e não consegue fazer cocô. Aí me ensinaram alguns remédios caseiros que eu dou: mamão todo dia — a gente bate, mas assim mesmo ele sente muita dificuldade. A pediatra disse que ele tem problema de esfíncter, que ele não tem aquele controle, tipo assim, ele quer fazer mas tem medo de fazer.

Então, ele sempre fica sujando a cueca de fezes. Como ele gosta muito de mexer com os outros, de apelidar, eu digo, olha, quando começarem a te apelidar, quando a tua irmã começar a te apelidar daquilo que tu não gostas, te chamando de cueca suja, tu não vai gostar. Aí ele já fica na dele. Mas daqui a pouco tá de novo na danação. Ele é muito danadinho.

Eu pensava que isso do Sapeca era manha, nunca pensei que tivesse esse problema da criança ter medo de fazer cocô e segurar. Foi com uma pediatra, acho que tava com uns 3-4 anos de idade, que eu descobri que isso era um problema que tinha que ser tratado. Desde pequenininho ele sofre com isso, desde bebê ele começou com esse problema do intestino; devido os antibióticos, ele fazia muito cocô.

Nós temos uma casa em Cotijuba, então ele tinha mania de ir pra trás das árvores, dos galhos, e ficava lá quieto: tava fazendo cocô.

Sapeca pra ir pro vaso foi muito difícil, ele não gostava, não queria ir. Piniquinho não tinha jeito, comprei aquele assento de botar no vaso pra criança, mas não tinha jeito. Sempre teve um problema sério com o cocozinho, de defecar, de fazer cocô. Às vezes eu me aborrecia, brigava com ele, cheguei a dar palmada, botar de castigo, tu vai ficar no vaso até fazer cocô. Eu briguei muito, pegava no pé dele, às vezes dava umas belas dumas palmadas. Eu pensava que era coisa do Sapeca e dizia tu tens que fazer cocô, tu não podes ficar sem fazer cocô, menino, e ele: *"Mas eu não quero"*. A gente percebia que ele tava segurando, mas ele preferia fazer na cueca.

Quando eu descobri que ele estava com esse problema, a gente começou a tratar, tipo assim, tentar conversar com ele. Olha, Sapeca, toda criança tem de fazer cocô, se você passar mais de três dias, como a médica explicou pra gente: *"Olha, ele tem que fazer cocô porque pode chegar um ponto do bolo fecal ficar tão endurecido e ele precisar de uma cirurgia pra retirar isso"*. Aí eu explicava, falava isso pra ele, dizia, olha, meu filho, você tem de comer.

Teve uma amiga que trabalha com produtos naturais que disse: *"Faz uma vitamina de manhã cedo com aveia, leite de soja, ameixa, bastante fibra, gergelim"*. Aí eu fazia pra ele tomar. Meu filho, isso é pro seu bem. Você quer voltar a ter aquela dor? *"Não, mamãe."* Então tome pelo menos dois, três dedinhos disso aí de manhã. A gente parou de bater nele com relação a isso, percebemos que não tava mais resolvendo. Aí a gente partiu pra tentar conscientizar ele desse problema, pra ele perceber que é importante comer certas coisas e tentar fazer cocô. A gente não fica naquela pressão, mas todo dia tem que ficar lembrando: você já foi ao banheiro, já tentou fazer cocô, comeu mamão?

Pra gente que trabalha o dia todo é pior ainda. Tem dois dias que eu passo o dia todo fora, os outros eu tou em casa até um certo horário, porque eu faço pós-graduação lá na UEPA. Eu sou professora de educação física e passo parte da noite fora. Quando eu chego, eles estão dormindo, aí saio toda manhã muito cedo, e ele levanta junto comigo.

A gente tenta hoje conversar mais com o Sapeca. Meu marido é psicólogo também. Um dia ele falou: *"Filha, você trata o Sapeca como se ele fosse uma pessoa adulta; ele é criança, então tem certas coisas que tu vai falar e ele não vai fazer"*. Aí percebi que realmente era isso. O Sapeca apanhava muito, não aquele de bater de espancar, mas tudo era motivo de eu dar umas palmadas nele, né.

Eu me lembro que ele gostava de morder os garotos quando tinha 2-3 anos, que chupava chupeta e gostava de morder. Eu sempre dizia: se você morder vai apanhar. Aí numa dessas, ele mordeu um garoto lá em Cotijuba, quase que tira o pedaço da bochecha do menino, saiu sangue, sangrou. Eu fiquei tão furiosa que bati na boca dele, sangrou até. Aí o meu marido disse: *"Filha, tu não devia ter batido assim"*. É... eu perdi a cabeça, me arrependi, hoje eu não faço mais isso.

Mas eu cobrava muito dele, eu sempre pensei, aquela coisa do primeiro filho, ah, ele não vai me fazer de besta. Então tinha sempre muito essa idéia — filho não vai me fazer de besta, não. Virou, mexeu, precisou, pega palmada sim. Não vou te dizer que eu não bato mais, eu bato; quando eu preciso, pego uma sandália e meto na bunda do moleque. Mas não é aquela coisa de converso, explico por que tá apanhando, por que, às vezes, a gente conversa, conversa e não resolve nada. Então dá umas palmadas que a coisa resolve. É assim.

A alimentação sempre foi difícil, esse negócio do peito foi um trauma. Às vezes, ele ficava sem comer ou então comia com a mamãe botando colherada na boca dele, botando ele pra engolir alguma coisa. Mas ele sofreu muito, até hoje. Ele mamava e botava a mão no outro peito, agora, ele falou: *"Mamãe, quando eu fizer 8 anos, eu não vou pegar mais no teu peito"*. Aí eu disse: tá, mas eu quero ver até quando essa tua promessa vai perdurar. Até hoje ele só dorme pegando no meu peito, e digo, Sapeca, só não fica alisando que me dá agonia. Sempre foi assim, tudo ele fazia segurando o peito, o copo de vitamina, a mamadeira, foi só assim que eu consegui fazer que ele comesse. Não desgrudou totalmente, só não pode mais mamar, mas fica segurando.

Nunca foi de comer com facilidade, não gostava de fruta, vitaminas ele tomava, suco; mas se desse a fruta, ele achava aquilo esquisito. Se fosse sopa, tinha que ser batida; se ele sentisse o gosto, ele não queria. Hoje ele já consegue tomar uma sopa com legumes, reclama um bocado mas toma. Não, você vai ter que tomar, porque isso é importante pra saúde, faz parte da digestão dele, do intestino.

Aí já come fruta, mamão, banana, maçã, ele gosta. Ainda gosta só das frutas que ele não pode comer tanto, que é banana e maçã, é o que ele mais gosta. Hoje ele já come um abacaxi, um pedaço de melancia, mas não são todas as frutas que ele come.

No café come um pãozinho com queijo, café com leite. Como ele sai muito cedo, ele não gosta de tomar café com leite, ele só prova e come um pedaço de pão, a vitamina que ele tem que tomar antes do café, e às vezes dá vontade dele querer vomitar. Eu digo não, toma pelo menos três dedos e aí tu toma o café pra poder esquentar o estômago. Aí ele toma, come o pão.

Ele leva sempre pão, o lanche dele da escola é pão com suco de uva, de tangerina, eu compro já pronto, faço e ele traz; quando ele chega, ele come bem, o que tiver ele come. Adora peixe. Salada, eu consegui fazer que ele comesse crua repolho, beterraba, pepino, mas não é sempre que ele come, que ele está disposto a comer. De tarde ele lancha uma vitamina; às vezes é um café com leite, Nescau gelado, pão com queijo, ou só pão quentinho na chapa, pão com salsicha de frango, que ele também gosta muito.

Ele pegou um fungo na cabeça, não tá podendo comer comidas reimosas, ovo, presunto, que ele adora muito, mas ele não pode comer.

No jantar eles comem bem, acho que eles comem até melhor na janta que no almoço; eles brincam, tem uma pracinha perto do conjunto onde eu moro, eles brincam, e quando voltam é com fome, comem, escovam os dentes e dormem. Não gosta de comida seca, só gosta de tudo molhado, se tiver caldo... Eu digo: tu vais amamentar, tudo tem que ter caldo.

Então ele fica naquela agoniação, ele come rápido, ele come bem rápido pra querer voltar pra TV, terminar as coisas dele, pra assistir TV.

Normalmente, eu e o pai dele almoçamos juntos, a irmã almoça depois, e o Sapeca bem depois, sozinho. Ele chega em casa duas horas, ele sai do colégio meio-dia e chega duas horas. Quando ele chega, tá com fome, ele come bem.

O Sapeca acho que ele é uma criança muito danadinha, muito ativo; antes eu achava que ele era hiperativo, ele não andou, ele correu, porque ele não sabia ficar sentado; ele queria correr, subir, descer, tá olhando o ambiente, pesquisando o ambiente, nunca foi quieto, parado, até pra assistir desenho. Depois de grande, tá na fase da TV, só quer saber de TV. *Videogame*, ele adora; eu cheguei a comprar pra ele, mas escangalhou, e eu dei graças a Deus, mas também não dava tempo pra ele, é mais final de semana, senão não dava tempo nem pra estudar. Com os grupos que ele se dá, ele sempre quer coordenar as brincadeiras, sempre tá organizando: fulano vai fazer isso, fulano vai fazer aquilo, tá sempre tentando liderar.

Na escola a professora diz que o Sapeca presta atenção na aula. Ele é uma criança que senta e faz o dever, mas ele gosta de conversar muito. Isso é uma coisa que todas me falam, aí eu chamo atenção dele sobre isso, você tem que esperar que os outros colegas acabem o trabalho.

Adora brincar, adora *skate*, adora bicicleta, patins, ele é uma criança normal: brinca, come, se diverte.

Ele é muito agarrado comigo, sempre foi assim. Antes, quando eu trabalhava em horário que eu passava o dia todo fora, ele me levava na parada: *"Mamãe, eu vou levar a senhora na parada"*. Ia de bicicleta, me deixava, eu pegava o ônibus e ia embora, hoje ele reclama: *"Mamãe, eu posso ir levar a senhora na parada?"* Não, porque tu vai ter que acordar mais cedo ainda, então tu dormes até um certo horário, quando eu tiver saindo eu chamo.

Ele é muito assim, uma criança muito carinhosa, tanto comigo como com o pai, a irmã, com a família.

Com o pai, é mais conversa, as brigas, quem fica pegando no pé dele sou eu, eu que levo a fama de malvada. Teve uma situação que eu até achei muito séria, ele tava numa fase que tudo que eu falava com ele ele brigava, ficava chorando, ficava tolo, fazia o que a irmã dele fazia. Aí teve um dia que eu disse vai, suba, não quero falar com você, pode ir pro seu quarto. Aí ele viu que eu não ia dar trela, ele pensou que eu tava brincando e disse: *"Então vou dar meus brinquedos"*. Você pode dar, se você não der tudo, eu vou e dou o restante.

Um dia, quando eu tou entrando dentro de casa, ele pega uma faca e diz que vai se matar. Eu disse tu vais te matar, quem vai te matar sou eu, de porrada pra ti acabar com essa graça. Nesse dia eu dei uma bela sandalhada nele e disse olhe, meu filho, a mamãe não faz as coisas pro seu mal; se a mamãe diz uma coisa, você tem que obedecer, porque não é pro seu mal.

O pai dele, o que eu faço, eu posso até tá errada, mas ele chega comigo depois: *"Olha, filha, eu achei que não era assim"*, mas ele não desautoriza. Mas eu sou sempre a que tou cobrando, sou a chata. Como a gente trabalha o dia todo, o pai só vê as crianças mais pro final de semana.

Eu sou carinhosa, mas eu sou muito chata (riso), pego no pé. Antes eu brigava muito, hoje já sou mais calma, tento conversar mais, ele já tá ficando rapazinho, já tem 8 anos, não adianta ficar toda hora brigando. Sento e faço o dever com ele, ponho ele pra ler. Ele ainda tem muita dificuldade na escrita, escreve muito errado.

Eu fiquei imaginando que quando a irmã nascesse ele fosse sentir tanto, e às vezes eu percebo assim, que eu o superprotejo. Ele é uma criança muito dependente pra 8 anos, eu tiro em comparação com a irmã, que tem 6 e é muito independente. O Sapeca não, ele sempre tá perguntando, tá preocupado: *"Mamãe, eu vou em tal lugar. Mamãe, eu vou ali"*. Ou, se ele sai: *"Mamãe, eu fui lá, fulano não tava, eu vou lá no sicrano"*. Ele sempre pede, sempre tá dando satisfação do que tá fazendo. E ele é muito avoado, não percebe as coisas. Um dever de casa dele da escola, como o último que eu vi, perguntava por que criança não estuda, e ele respondeu porque não tem ninguém pra levar elas pra escola. A gente sabe que não é só isso, e a gente conversa em casa sobre certas coisas — a gente tem que respeitar aquele coleguinha que é de outra cor, que é mais gordinho, que é mais magrinho. Fulano tá dormindo na rua porque não tem casa, não tem quem cuide dele.

Sempre tento tá falando sobre certas coisas pra eles, que a vida... Às vezes o Sapeca acha que o dinheiro cai do céu ou dá em árvore. Olha, vocês são filhos de pobre, a gente é pobre, somos pobres, sim. *"Mas, mamãe, como é que a gente é pobre se a gente tem carro?"*

Ele costuma perceber, olhar ou prestar atenção em filme de luta, coisas que tenham efeitos especiais. Não é que ele seja desligado, eu percebo que ele não é atento a certas situações da vida cotidiana. Eu acho que eles ainda vivem muito naquele... Ele ainda tem 8 anos, tá certo, mas tem criança de 8 anos que tem certa noção, de certas coisas, do que é não ter o que comer; talvez é porque ele nunca passou isso, mas a gente tenta passar certos valores pra eles, mas o Sapeca, isso ele não se liga. Ele tem uma facilidade de se dar muito com as pessoas, é muito comunicativo, mas, em contrapartida, ele é muito avoado pra assuntos sociais.

Se ele tiver muito zangado, ele fica emburrado, fica lá no quarto dele, chora sozinho; ele se aborrece, bate a porta e chora. Agora ele deu de ficar mentindo, tá meio mentiroso, mas no geral não é uma criança mentirosa. Ele mente quando não é uma coisa séria: *"Não conta pra mamãe"*, mais ou menos assim.

No episódio da faca, deste ano, ele tava com raiva e, como eu não dei bola, ele fica odioso quando as pessoas não dão atenção pra ele. O Sapeca é uma criança que gosta de ter um pouco mais de atenção das outras pessoas. Ele gosta de ser visto, então ele faz as ondas dele pra ser visto pelas outras pessoas. Como eu ignorei ele, ele não gostou, ele se sentiu altamente magoado com aquilo, e uma forma dele me chamar atenção foi fazer isso.

Eu ia entrando no apartamento e ele vinha com a faca: *"Eu vou me matar, a senhora não quer mais falar comigo"*. Pegou a faca e botou no pescoço, uma faca de cortar carne, de talher, disse: *"Eu vou me matar, vou me matar"*. Eu fiquei indignada, não, você não vai se matar, quem vai te matar sou eu, mas é de porrada. Bati nele (estala as mãos); tirei a faca, bati, botei de castigo, briguei dando lição de moral. Olhe, você não tem que fazer esse tipo de coisa, não é porque tá com raiva que vai querer se matar, tem outros modos da gente acabar com a raiva da gente. Quando tiver com raiva, pula no colchão, bate no colchão, faz qualquer coisa, mas não faz esse tipo de coisa. Ele chorou, chorou, ficou arrependido, pediu desculpa, perdão, que não ia fazer mais aquilo.

O pai chegou e conversou com ele; hoje (faz três meses) ele se limita a bater o pé e entrar pro quarto, dizer que eu sou malvada, diz que não presta pra nada. Eu respondo: não, tu tá enganado. Aí ele se inferioriza, fala que ele é isso, é aquilo. Eu digo: não, você é uma criança inteligente, bonita, estudiosa; eu tento levantar o astral do menino. *"Não, não é isso, não, eu sou um menino mau"*, que ninguém gosta dele. Aí ele começa a fazer um drama total.

COMENTÁRIO

A mãe de Sapeca atua como a mãe "má", enquanto ao pai cabe o papel de apaziguador e bonachão; porém, o menino parece preso psicologicamente à mãe: levanta cedo, a deixa no ponto de ônibus, procura sua atenção etc.

A ligação parece muito forte, o que aponta para uma inadequada nutrição psicológica, uma vez que não há permissão afetiva para Sapeca crescer e usar os próprios dentes, a metáfora que sua dinâmica oferece para os processos de metabolização e nutrição psicológica. A mãe oferece mastigado o que o menino deve comer, mas Sapeca reage fazendo cocô na cueca, ou sendo muito danado, ou tentando o suicídio, ao que a mãe superpoderosa outra vez entra em cena para ela mesma enquadrar o menino. O que significa enquadrar difere da imprescindível aprendizagem e ensino dos valores sociais e dos limites que permitem às crianças distinguir o eu e o outro, respeitando as necessidades de ambos.

ENTREVISTANDO SAPECA

— Oi, Sapeca. Você gosta de brincar de quê?

— De *videogame*.
— Que horas você acorda?
— Às sete horas.
— O que come no café?
— Pão com queijo e margarina, suco de uva.
— Toma vitamina?
— Sim, gosto da de abacate, mas não tomo no café. Sim, quando volto da escola, no lanche.
— Gosta de comer o que no almoço?
— Caldo de feijão, arroz, bife e farinha. Gosto mais de carne.
— Na escola lancha o quê?
— Às vezes mingau, sopa de letrinha.
— Come o lanche da escola?
— O da escola e o de casa. Quando estava na Alfa, repetia cinco pratos; hoje como um.
— Come devagar ou depressa?
— Devagar, mastigo.
— Antes de brincar?
— Sim, brinco de pira-pega, pira-esconde, pira-alta com os meus amigos da turma. Tenho um amigo da C3, o Micael.
— E em casa, o que almoça?
— Chego e assisto o X-Man, que a mamãe grava na fita, depois almoço.
— Com quem?
— Com todo mundo: a minha mãe, minha irmã e meu pai.
— Almoça na mesa ou vendo TV?
— Às vezes vendo TV.
— Setembro sete quer dizer segunda, terça, quarta, quinta...?
— É, todos os dias, só que a mamãe não deixa, ela diz pra mim comer na mesa.

— E quando ela diz, o que você faz?
— Vou pra lá, obedeço.
— Qual é o jeito da mamãe?
— Boa e brava. Ela deixa eu e a maninha de castigo, um mês sem TV.
— Ela bate em você?
— Bate, na mão e no bumbum.
— Você chora?
— Choro só dez minutos.
— Fica zangado?
— Fico.
— E faz o quê?
— Vou pro meu quarto e brinco com os meus bonecos sozinho.
— Você come quando está zangado?
— Sim.
— O quê?
— Tudo.
— Come escondido?
— Sim.
— O quê?
— Nada (rindo).
— Então não come?
— Não.
— Gosta mais de doce ou de salgado?
— Doce.
— Como é o jeito do papai?
— Bom e mau. Bom quando me dá dez centavos pra eu comprar bombom.
— E o lado mau?
— Ele me bate sete vezes no bumbum e na mão.
— Fica zangado com ele?

— Fico.
— E faz o quê?
— Vou lá pro meu quarto e brinco com meus bonecos — o MacStill —, brinco de luta.
— Quem ganha?
— Eu (rindo).
— Que horas você faz cocô?
— Depois do almoço.
— Todos os dias?
— Não.
— Quantas vezes por semana?
(Silêncio)
— Três vezes por semana.
— Fácil ou difícil?
— Eu não quero mais falar (parecendo constrangido). Eu não quero mais falar, quero ir embora.
— Tudo bem.

COMENTÁRIO

Sapeca inicia a gravação da entrevista alegre, falante, a voz clara e risonha, com facilidade de expressão, embora o conteúdo de suas elaborações pareça centrado no concreto e na simplicidade — um exemplo é pensar o pai a partir dos conceitos de bom e mau. À medida que a entrevista evolui, o menino vai mostrando um pouco mais da personalidade, ou seja, como fica quando zangado.

O tema mais difícil não é o da alimentação, mas o da defecação. O menino mencionou que não tem dificuldade para comer, relatando que na Alfa comia cinco pratos.

## CONTANDO HISTÓRIA – CAT-H

Era uma vez três garotos. Os três com uma colher na mão, dois guardanapos, quatro tigelas, uma mesa feita de madeira, três bancos, três camisas. Eles estão comendo, eles vão lavar as mãos, seis olhos, seis sobrancelhas, três cabelos. Só. Três meninos na praia, uma porta, eles estão brincando de cabo de guerra, eles vão cair num monte de areia, eles caíram, se machucaram. Só. Um homem e um menino, um calçado e outro descalço, uma cadeira, um cachimbo, vinte dedos. Eles estão sentados, eles podem virar. Tou vendo madeira. Só. Um menino andando de bicicleta, um sol, uma mulher com uma bolsa, um bebê e leite. Sapatos, floresta, seis olhos, uma cesta, grama, árvores. Só. Uma cama, um berço e duas crianças. Uma janela, um abajur, madeira, um cobertor, um travesseiro. Só. Três crianças, uma acordada, duas dormindo, árvore, três cobertores, uma cama, um monte de folhas, uma montanha. Só. Um homem gigante, um caldeirão, um menino, flores, árvores, montanhas e cipós. Só. O gigante quer pegar o menino, ele vai subir numa árvore. Um quadro, três mulheres, uma criança, um sofá, uma almofada, outro sapato, quatro roupas. Uma mulher tá falando com a criança. A mulher pode cair. Só. Uma porta, uma maçaneta, um quarto, um abajur, um espelho, uma janela, uma criança, uma cama e um cobertor. A criança tá dormindo, ela acordou, ela vai descer pra tomar café. Só.

## COMENTÁRIO

Sapeca comprime os lábios, pega a prancha que está na mesa, coloca-a em frente ao rosto, ocultando-o dos pesquisadores que o observam. Quando fala, abaixa a prancha. Essa dinâmica permaneceu durante todas as suas elaborações. Algumas vezes se levantava, outras permanecia sentado, com os pés cruzados. Sua narrativa destaca a percepção dos detalhes em relação ao todo: seis olhos, seis sobrancelhas, três cabelos, o que sinaliza duas possibilidades de valorização do micro em relação ao macro, além de traços obsessivos. Embora muito fragmentadas, sem conectivos que articulem o sentido das frases, as idéias de Sapeca são coerentes com o conteúdo das pranchas.

## AVALIAÇÃO FONOAUDIOLÓGICA E ODONTOLÓGICA

Sapeca está de boné, cuja aba impede a visão de seu rosto, que será examinado. Recebe a solicitação de virar a aba para trás. Demonstra dúvida em aceitar a orientação da fono, pois o chapéu esconde um fungo que tem na cabeça. Mostra à fono e vira.

Olha à sua volta com iniciativa, curioso, experimenta os alimentos que recebe, retorna a aba do chapéu para a frente e recebe novamente o pedido de virá-la. Colabora, olha para a cesta de alimentos, finge que pegará o biscoito lançando a mão para a frente, sem tocá-lo; olha pelos cantos dos olhos para a odontóloga, que está escrevendo; vira outra vez o chapéu para a frente, ouve nova orientação. Tenta pegar o alimento enquanto as examinadoras conversam, faz gracinhas, olha para a cesta, escolhe o que deseja comer: primeiro o biscoito Wafer. Pede que a fono troque-o pelo que ela está experimentando, ela não o atende e prossegue seu exame.

Fica sério, atento ao que as pesquisadoras comentam. Ri diante das orientações. Inicia a mastigação comendo pão; brinca outra vez, tentando pegar o iogurte enquanto elas conversam. Recebe biscoito recheado de chocolate para comer. Aprecia, pede mais, come vorazmente, parece com fome. Diz: "A mamãe não botou comida". Aceita farofa de ovo, porém pergunta o que é, pois não pode comer em razão do fungo. Ri, demonstra muito interesse. Experimenta iogurte, maçã. Fala quando come, diz que mastiga com os dois lados. Ri. Não atende à orientação de não engolir o que está mastigando. Ri e recebe mais um pedaço de maçã, que agora não engole antes de exibir à fono. Come farinha de tapioca, é colaborativo. Repete o iogurte. O biscoito que ele queria comer primeiro é o último que recebe. Está tão desejoso que se levanta para vê-lo. Come um pedaço pequeno, para apreciar e para que não acabe logo; contudo, não gosta do sabor e devolve-o ao prato, retomando o biscoito salgado. Concluída a degustação, sai correndo. Ficou interessado no alimento e na atividade como um todo.

Os resultados foram: lábios na posição selada, mobilidade, freio e tônus normais; língua ligeiramente hipotônica, com posição no soalho da boca, mobilidade, freio e tônus normais. Dentes com mordida cruzada anterior dentária (incisivo lateral esquerdo). Bochechas normais; palato duro atrésico; amígdalas e adenóides hipotrofiadas; mentalis tenso; respiração normal; mastigação de boca aberta; bilateral circular com anteriorização de língua; restos alimentares. De sólidos, é bilateral com a boca fechada; de úmidos, também é bilateral. Deglutição de sólidos e de pastosos normal; de líquidos, com projeção anterior.

Possui quatro incisivos centrais permanentes superiores e inferiores; quatro incisivos laterais permanentes superiores e inferiores; dois caninos decídios superiores; dois caninos permanentes inferiores; dois primeiros pré-molares permanentes superiores; quatro primeiros e segundos molares decíduos inferiores e quatro primeiros molares permanentes superiores e inferiores.

Concluímos que existem dificuldades na mastigação e na deglutição por conta de a mordida cruzada anterior o levar a mastigar mais para um lado que para o outro; de o palato duro ser atrésico e de as amígdalas e adenóides estarem hipotrofiadas, o que diminui o espaço para a passagem do bolo alimentar.

## PERCEPÇÃO DA PROFESSORA

Sapeca aprende bem — começou com dificuldade, a família ajudou e ele melhorou. O garoto fica empolgado e me procura para mostrar o trabalho. É uma criança agitada, gosta de conversar, mas é responsável, só faz bagunça quando termina o seu trabalho. A família é presente, procura saber dele, ajuda no dever de casa. Ele tem o mesmo nível de desempenho do Carinhoso, mas tem apoio, por isso ele supera e o Carinhoso fica. Tem um bom relacionamento e não se incomodou, não ficou constrangido ou intimidado com o problema do fungo na cabeça. Orientei a turma para aceitar o problema.

## INTEGRANDO A COMPREENSÃO DO DESENVOLVIMENTO EMOCIONAL E SOCIAL DE SAPECA

Sapeca é um menino com um desenvolvimento físico adequado: corre, pula, joga futebol, mostrando possuir grande energia. No plano da aprendizagem também não demonstra dificuldades além das usuais — e a sua mãe providencia cuidados: acompanhamento em casa de professor particular.

A área que demanda cuidados é a do desenvolvimento emocional por conta de algumas situações:

- No CAT-H, Sapeca mostrou uma preocupação com detalhes: sapatos, olhos, cabelos, sobrancelhas.

- Na entrevista, a mãe relatou que o menino parece "avoado" para assuntos sociais; que não costuma perceber, olhar ou prestar atenção em certas situações da vida cotidiana.
- Falta de controle das fezes.
- Tentativa de suicídio (mesmo que para chamar a atenção da mãe).

Esses acontecimentos repercutem no desenvolvimento emocional e social de Sapeca, cuja personalidade pode gerar a estruturação de um caráter obsessivo. É claro que é uma hipótese e uma observação para prevenir ou evitar a instalação de desajustamentos de (auto) contato ou o adoecimento grave no âmbito da saúde mental.

A entrevista com a mãe de Sapeca revelou as dificuldades em relação à alimentação e à defecação. O menino, contudo, mencionou apenas a defecação difícil. Trata-se de um assunto que o constrange tanto que interrompeu a entrevista. Precisamos continuar avaliando as significações da retenção para além do âmbito orgânico.

Por ora, observamos que a dinâmica da subjetividade de Sapeca é compatível com a idade: escolaridade, físico, cognição, motricidade etc.; entretanto, sua nutrição psicológica requer cuidados que lhe permitam superar a infantilização e a confluência com a mãe, bem como gerar autonomia e independência emocional. O manejo da alimentação orgânica também requer cuidados para as funções dentárias e digestivas.

## CASO 5: MELODIA, MENINO DE 10 ANOS

OBSERVAÇÃO 1

A observadora entrou na sala de aula e foi para o fundo. Melodia estava em pé, na primeira fila. Ao olhar para a observadora, levantou a blusa e cobriu a cabeça; abaixou a blusa novamente, começou a conversar com uma colega olhando para a observadora, cochichou alguma coisa no ouvido dessa colega; em seguida, foi direto abordar a observadora, dizendo-lhe: "Você não é a psicóloga que ligou pra minha casa e que a mamãe me disse?"

Melodia falou muito alto, mesmo estando bem próximo da observadora, que sorriu para ele e respondeu que era, sim, a psicóloga. Ele pulou em volta e disse: "É sim, é sim".

Voltou para a sua cadeira na primeira fila e começou a conversar novamente com a colega; olhou para a observadora. Retornou para o lado da observadora e perguntou: "Você tem fome de quê?", ao que a observadora respondeu: "Eu tenho fome de conversar com você. E você, Melodia, tem fome de quê?" "Eu tenho fome de música desde os 3 anos", ele disse.

Ele foi para a porta da sala de aula e saiu, pulou, saltou, conversou com um colega que estava lá fora; os dois olhavam para a observadora e cochichavam. Retornou para próximo da observadora e disse que gostava muito de música: "Papai me deu um gravador no dia seis de janeiro".

Em seguida disse: "Tenho medo de ser hipnotizado, dormir, ficar deitado, e você me fazer um monte de perguntas", ao que a observadora respondeu: "Eu não vou hipnotizar você, Melodia". "Vai sim, vai sim", ele retrucou.

Melodia saiu da sala e correu sozinho pelo corredor. A observadora ficou olhando para ele da porta da sala de aula. Ele corria, escorregava, ia e voltava, sempre olhando para a observadora.

Em seguida, ele foi para o outro corredor; a observadora saiu da sala e foi pelo lado oposto. Os dois se encontraram ao mesmo tempo. Ele comentou: "Você está escrevendo sobre mim?" A observadora disse: "Sim, escrevo o que você fala". Ele voltou a correr, correu para todos os lados; lá do fundo do corredor, gritou: "Fiquei 15 metros longe de ti!" Entrou na sala, pegou o lanche e bebeu o líquido da garrafinha. Do lugar onde estava não conseguia olhar a observadora. Acabou o recreio.

OBSERVAÇÃO 2

Logo que a campainha tocou, Melodia se reuniu com dois meninos e todos foram para a quadra de futebol. A observadora os acompanhou a distância, fora do campo visual deles. Os meninos subiram em uma árvore e ficaram lá em cima uns dez minutos, até que chegaram duas meninas que os chamaram. Melodia desceu, jogou um galho para cima e os outros dois também desceram. Um menino conversou com as meninas, Melodia ficou de fora. O outro menino brincou com a menina, que correu atrás dele. Melodia não estava no novo grupo que se formou. Foi para o salão em que os meninos maiores costumam jogar futebol. Olhou um pouco e depois saiu correndo, gritando: "Ei, quiabo!", para o colega que estava com ele. Os meninos se reuniram novamente e foram jogar futebol até a campainha tocar.

OBSERVAÇÃO 3

Melodia adora futebol. O mesmo time da vez passada estava reunido. O menino tentou entrar no jogo, mas os colegas não deixaram. A observadora não sabe o motivo. Melodia caminhou na direção dela e disse: "Eles não deixam eu cobrar a falta de ontem". A observadora olhou para ele e ouviu atenta, sem manifestar que atenderá ao seu pedido. Ele voltou para o grupo e novamente não conseguiu entrar. Voltou para perto da observadora e se queixou novamente.

OBSERVAÇÃO 4

Melodia se aproximou da pesquisadora e pediu para colocar os óculos dela, ao que ela respondeu: "Não, Melodia. Os óculos são de grau". O menino insistiu, pegou o que estava na cadeira e, ao colocá-lo no rosto, comentou: "Fica tudo modificado". O menino começou a andar pela sala como se fosse descer um degrau de escada e disse: "Tá alto aqui". Devolveu os óculos, pois a campainha tocou, anunciando o recreio. Saiu correndo da sala e ficou um pouco sozinho no corredor, até que os colegas do futebol chegaram e um deles disse: "Ei, quiabo, vem". Melodia e os demais foram para uma área descoberta na lateral da escola e começaram a jogar.

O menino queria manipular sozinho a bola, chegando a carregá-la com a mão e fugir dos colegas, que passaram a correr atrás dele até que o jogo recomeçou. Como isso se repete, Melodia acaba, outra vez, sendo expulso pelos colegas. Quando saiu do time, pisou num copo de plástico e ficou resmungando até o recreio acabar.

ENTREVISTA COM A MÃE DE MELODIA

O Melodia é meu primeiro filho. Tenho dois, ele e uma menina. Ele me preocupa muito, desde os 3 meses. Quando ele parou de crescer, eu fiquei desesperada. Levei ele a todo tipo de médico e ninguém descobria o que ele tinha, até que o dr. Mário[2] descobriu que ele tem nanismo.

---

2 Pseudônimo do endocrinologista que diagnosticou o nanismo congênito de Melodia.

A idade óssea dele é muito pequena, é de 6 anos, o que é bom, pois ele poderá responder ao remédio. Ele tem que tomar hormônio todo dia, uma injeção que ele detesta e não quer tomar. Eu mesma aplico e já não sei mais onde, o corpo dele já tá todo furado, mas conforme ele vai crescendo reclama muito e quer saber por que Deus escolheu ele pra sofrer.

Eu tenho que ter muito cuidado com ele, pois ele tem alergia nos pés e não pode ficar descalço nem jogar bola. A alimentação dele também é controlada. Ele adora café, mas não pode tomar, e assim ele fica muito nervoso, irritado, e briga com todo mundo na escola.

Ele é muito inteligente, nunca repetiu de ano, o problema é que ele não gosta que riam dele. E como ele é o menor da turma, embora seja o mais velho, os colegas mexem muito com ele, e ele briga, bate. Sempre estão me chamando na escola.

Um dia, como ele adora música, ele pegou o microfone que a professora deixou na mesa, aí ela pediu o microfone, que ele jogou na mesa e estragou — e nós tivemos que pagar. Eu não contei pro pai dele senão o pau ia comer, mas eu coloquei ele de castigo, conversei e tirei o que ele mais gosta: o radiogravador pra ouvir música.

Fazia uns três meses que ele não tava tomando o remédio, até que eu disse que iria tirar ele do programa do hospital, pois ele estava ocupando a vaga de outra criança. Ele não respondeu, disse que ia pensar. Ficou pensando uns dois dias, até que disse: *"Mamãe, eu vou tomar, só que eu quero apenas neste braço* [direito]*"*.

Agora ele foi no médico e na contagem do hormônio vimos que o remédio está fazendo efeito. A minha esperança é que ele fique do tamanho do pai dele.

## COMENTÁRIO

Embora muito simples, a mãe de Melodia se expressa demonstrando a sagacidade e a sabedoria da intuição. Percebe-se que se preocupa demais.

## ENTREVISTANDO MELODIA

— Melodia, você olha para cá, olha para lá, esse é seu jeito?
— De vez em quando.
— Por que você fica assim, conversando comigo e olhando para cá e para lá?
— Humm. É porque eu quero mesmo!
— Um monte de coisas chamam a tua atenção?
— Chama.
— O que é que chama a tua atenção agora?
— As árvores.
— E quando você tá na aula também é assim? Outras coisas chamam a tua atenção?
— Não, eu fico concentrado na matéria.
— Me diga, naquele dia lá no corredor, que você me chamou, eu vi que você suspendeu uma pedra, deu um pisão numa formiga, parecia muito zangado. Quando você tá zangado, como é que você faz?
— Eu começo a me extrapolar até o final.
— O que é extrapolar?
— Ehhhh é... aborrecer.
— O que te aborrece?
— Quando alguém fica me xingando, eu bato em todo mundo.
— E eles te batem também?
— Não!?

— E você come quando tá zangado?
— NÃO!
— E você come escondido em casa?
— Nunca fiz isso, e nem pretendo fazer.
— E em casa, quem briga mais contigo, papai ou mamãe?
— Papai. Ele é bem esquentado, ele se extrapola, às vezes sai quebrando tudo. Um dia desses enfiou o canivete em cima do videocassete, que estragou!
— Quando ele briga?
— Quando ele tá aborrecido.
— Você é mais parecido com papai ou com mamãe?
— Têm pessoas que falam que é com mamãe, outras com papai!
— Mas isso é o pessoal. Eu quero saber o que é que você acha.
— Com os dois!
— O papai é esquentado. A mamãe também é?
— Mais ou menos.
— Quando mamãe fica esquentada?
— Quando eu aborreço ela ligando a televisão...
— Como é que está sua saúde?
— Tá muito bom!
— Tá muito boa!?
Melodia não quer mais falar, interrompe a entrevista.

## CONTANDO HISTÓRIA – CAT-H

Era uma vez três meninos que estavam comendo na mesa. Eles tavam comendo uma comida deliciosa, e depois uma sobremesa. *Ai, caramba, agora que eu me embaraçarei. Ai, caramba.* Três irmãos muito unidos. Depois da sobremesa eles tavam brincando de cabo de guerra, *caramba*, e depois foram nadar na piscina, *caramba, olha, está escrevendo tudo, rapaz! Que negócio é esse.* Chega à noite eles entram em suas casas. A porta da casa dele. Quem é ele? É o pai dos meninos, e seu filho estava lhe esperando na entrada. Seu pai saiu para trabalhar. O chão — isso é lajota. O menino andando de bicicleta e uma senhorita com um bebê na mão. O sol muito quente, um pinheiro bonito e o ar não poluído. Não me lembro mais. Uma cama, um berço com dois bebês, um quarto muito bonito, um abajur vermelho e um lindo lençol de cama. [Olhando para o relógio]. *Tá acabando meu horário.* Os bebês estão brincando. A cama está vazia. Agora eu não me lembro de mais nada.

*Égua, só esses três meninos, caramba.* Eles vão dormir. Dois dormindo e um acordado. Pinheiro tem folhas lindas que ele tinha. Não quero ouvir. Tá bom, pode tirar.

Já quer ir.

Não.

*Égua, isso aqui é um monstro.* Mostra surpresa. Olha os dentão dele. Isso é um lobo e o menino está subindo na árvore. Isso aqui é uma caverna. Levanta a prancha. Esse homem vai pegar o menino, ele tá subindo na árvore já. Ele vai pegar o menino. Não me lembro de nada.

É a família dele sentada no sofá com um quadro em cima. Eles estão tomando um cafezinho bem quentinho e vendo um programa de TV muito gostoso — ai tá bom. O que vai acontecer? Não sei.

Um menino, um bebê, quer dizer, a porta do quarto está aberta, ele vai dormir daqui a vinte minutos.

Uma mulher, acho que tá dando palmada nele. Ela leva ele pro banheiro, mais nada.

## COMENTÁRIO

Melodia observa a aplicadora enquanto esta escreve, fica "intimidado" com a presença dos pesquisadores-assistentes. Pede à pesquisadora que pare de escrever, dizendo: *"Gostaria que nos comunicássemos somente através de gestos"*. A pesquisadora atende ao pedido do menino, mostrando a ele o que escreveu, dizendo: "Escrevi o que você disse". Isto, porém, não o tranqüiliza, permanece de pé, às vezes debruçando-se sobre a mesa e se aproximando da pesquisadora.

Põe a mão sobre a cabeça, apóia o corpo sobre a mesa, se balança sobre ela. Senta sobre as pernas. Enfatiza que o tempo dele está terminando, pergunta várias vezes quantas pranchas faltam. A aplicadora pergunta a ele se quer parar. Responde que não, contudo observa constantemente: *"Caramba, ela anota tudo o que eu digo"*.

Brinca de enrolar o cabelo, fica mexendo na orelha, brinca com a gola da camisa. Melodia sabe que dois de seus colegas virão em seguida, fora informado pela professora que seriam mais ou menos trinta minutos para cada um. Olha em seu relógio e diz: *"Faltam três minutos. Ai, tá bom!"* Continua a olhar para o relógio: *"Ai, acabou o meu horário. Quantas ainda faltam?"* "Faltam duas", responde a aplicadora. "Você quer parar?" O menino nega e tenta controlar o tempo e a situação até a última prancha.

## AVALIAÇÃO FONOAUDIOLÓGICA E ODONTOLÓGICA

Melodia entra na sala e comenta: *"Estou estranhando isso. Não gosto de tudo isso"*.

A fonoaudióloga pergunta de que ele gosta: *"Sorvete, chocolate, pão com manteiga"*.

Pensa, põe a mão no queixo, interage comigo, que observo a cena; continua a responder: *"Peraí, mas não quero nada — bolo de chocolate"*.

A fonoaudióloga comenta: "Você é difícil". *"Sou mesmo"*, ele responde.

Mostra uma postura crítica e avaliativa. Após a odontóloga anotar tudo de que ele gosta, a fonoaudióloga oferece maçã, que é aceita — o menino come dois pedaços. Recebe e come biscoito de chocolate.

Come devagar, interessado na câmera que está filmando. Aceita a orientação para não engolir antes de mostrar a ela, mexe na farofa de ovo. Diminui a resistência naquela situação desconhecida. Continua a mexer na mesa, a fonoaudióloga precisa segurá-lo para fazê-lo parar.

Melodia precisa estar informado sobre os acontecimentos dos quais irá participar, talvez para controlar tudo. Olha para a porta.

A fonoaudióloga comenta com a odontóloga que Melodia respira pela boca. O menino está atento ao que ouve, fecha o rosto, cruza as mãos na cintura, diz que lanchou, porém solicita mais farofa de ovo.

Diz que não está com sede e não aceita beber água. Comenta que aprecia farinha de tapioca, mas não quer misturada no iogurte: *"Pura é bom"*. Olha novamente para a câmera em *close*, levanta-se para olhar melhor, reclama, ri diante de alguns dos experimentos que faz com os alimentos.

Quando a avaliação termina, sai da sala, mas fica espiando pela janela enquanto a colega está experimentando. Dirijo-me a ele e peço que saia de lá. Lembro que ele queria ficar sozinho conosco.

Ele me diz que está zangado com a fonoaudióloga e com a odontóloga, pois a primeira dissera que ele tinha um monte de defeitos, e não gostou de ter ido lá para falarem mal dele. Procurei acalmá-lo, dizendo-lhe que estávamos procurando verificar a forma de mastigação, e que elas comentaram sobre o jeito de comer e de respirar, e não que ele tinha defeitos. Após hesitar, disse que confiava em mim e aceitava a explicação; beijou-me no rosto, o que eu retribuí, e foi embora.

O exame clínico de Melodia revelou lábios na posição entreabertos, mobilidade alterada, freio superior extenso, tônus inferior hipotônico, língua posicionada no soalho da boca, mobilidade, freio e tônus normais. Dentes na fase do patinho feio (incisivos abertos por causa da posição intra-óssea dos incisivos laterais): quatro incisivos superiores, centrais e laterais, permanentes; quatro incisivos inferiores, centrais e laterais permanentes; quatro caninos decíduos superiores e inferiores; oito molares decíduos superiores e inferiores (1º e 2º molares); quatro primeiros molares permanentes superiores e inferiores; inclinação vestibular dos incisivos superiores; sem cáries nem presença de diastemas (espaços entre os dentes).

Bochechas com mobilidade e tônus normais; amígdalas hipertrofiadas; mentalis tenso; respiração nasobucal com predomínio bucal; mastigação bilateral; alimento anteriorizado com projeção anterior de língua; deglutição de sólidos, úmidos e pastosos atípica, com projeção anterior.

Em síntese, o mentalis tenso, o predomínio da respiração bucal, a deglutição atípica requerem observação e cuidados.

## PERCEPÇÃO DA PROFESSORA

Sua aprendizagem está ok. É uma criança perspicaz além do que é para ir, cobra mais de mim, diz sempre: *"Titia, faz logo isso que eu quero ir adiante"*. É organizadíssimo, a letra é perfeita, fica incomodado quando erra, sempre quer acertar. No relacionamento é agitado e agressivo com os colegas. Ninguém pode aborrecê-lo, pois grita, fala alto, xinga e promete bater. A família é presente na escola. Ele fala muito do pai, dizem que é agressivo, grosseiro, e quando se aborrece com o filho soca-o na escola. A mãe é o centro dele, ela toma conta, contorna a situação. Como ele tem afinidade comigo, eu consigo que ele me escute, assim ele se acalma e me atende mesmo quando está aborrecido e agressivo.

## INTEGRANDO A COMPREENSÃO DO DESENVOLVIMENTO EMOCIONAL E SOCIAL DE MELODIA

A mãe de Melodia é muito cuidadosa. Na escola há um serviço médico odontológico, e dos integrantes da pesquisa apenas Melodia possui ficha indicativa do uso do serviço.

O menino já fez seu odontograma, isto é, foi avaliado o tipo de alimentação que está recebendo para identificar se o que ingere é de alto ou baixo risco para a prevalência de cáries.

Recebeu as seguintes orientações: a) de que comer doces freqüentemente nos intervalos das refeições, especialmente balas *toffes*, pirulitos e açúcar, que têm a característica de reter-se mais tempo nos molares, oferece alto risco aos dentes; b) das frutas que precisa comer para ativar a função de todos os dentes na mastigação, as que são de médio risco em relação aos açúcares são maçã, banana, manga e goiaba; c) que crianças que comem muitos bombons desenvolvem preguiça em mastigar; d) que alimentos prontos, enlatados, podem gerar problemas na oclusão — mordida cruzada, deformidade facial e assimetria —, por conta do não-uso dos dentes na mastigação; e) que são hábitos nocivos morder lápis, quebrar gelo no dente, deitar com a mão no rosto, roer unha (unicofagia), uma vez que tais hábitos podem desgastar um dente mais que o outro, causando assimetria — os incisivos são os dentes mais afetados pelos atos de morder lápis, gelo, unha, enquanto os molares posteriores são mais desgastados pela posição deitada com a mão no rosto, mantendo a noite inteira tal posição, principalmente em crianças de 2 a 12 anos.

Em 2000, o menino iniciou o acompanhamento, pois estava com uma inflamação dentária. Tem pouca incidência de cárie e até o momento não possui nenhuma restauração. Em 2001 foi relatado um trauma no primeiro central superior, provocando dor por conta da erupção do dente permanente. Em 2003 se deu a erupção dos incisivos laterais superiores (ILS), e o menino retirou ele mesmo o dente de leite.

As observações na escola permitiram à pesquisadora observar manifestações do desenvolvimento social. Por meio delas pudemos perceber as expressões agressivas de cunho anti-social de Melodia nas situações em que foi contrariado, como no jogo de futebol, o que mostrou como é baixa a sua tolerância emocional. Esse comportamento tem uma relação direta com os limites que o seu nanismo acarreta; contudo, não está aqui apresentado como explicação que o justifica, uma vez que as crianças integram a cultura e são regidas por normas dos grupos sociais que freqüentam. Talvez a musculatura do queixo (mentalis tenso) seja outra repercussão das defesas emocionais acionadas pelo nanismo.

O nanismo, ou retardo do crescimento para Tunessen Junior (1993: 9), se define como "desvio do crescimento dos padrões previamente estabelecidos para peso, altura ou ambos". Pode ser provocado por disfunção em qualquer dos sistemas orgânicos, bem como por fatores nutricionais, ambientais, sociais e psicológicos.

No caso de Melodia, conforme a entrevista feita com sua mãe, este parou de crescer por volta dos 3 meses de idade, o que corresponde à influência de fatores genéticos de crescimento herdado — de acordo com os indicadores descritos em Tunessen Junior (1993). A expressão projetiva no CAT-H mostrou-se rica. O menino fala de um pinheiro que tem folhas lindas, de uma comida deliciosa, revelando que cria e qualifica os alimentos psicológicos e orgânicos.

Ao comentar o trabalho da pesquisadora — *"Caramba, está escrevendo tudo o que eu digo"* —, sugere duas hipóteses: Melodia precisa controlar o ambiente para não se desequilibrar emocionalmente; Melodia está realizando bem a metabolização psicológica. Por conta dos indicadores constantes, como explosões verbais e físicas de raiva (chutes, resmungos, palavrões); manipulação do relógio e atenção ao seu horário; interrupção da interação — *"Não quero ouvir!"* —, pensamos que a primeira hipótese é a que se aplica ao desenvolvimento emocional e social de Melodia.

Acreditamos que os indicadores citados também estão vinculados ao desenvolvimento criativo do menino, pois ele realiza colaborativamente as tarefas, pergunta, participa, mostra iniciativa e liderança, sinaliza que deseja dividir seu tempo com a pesquisa e a brincadeira, o que pode ser compreendido como expressões de alguém cujo desenvolvimento cognitivo está adequado e que já faz uso do próprio organismo como agente avaliativo das necessidades.

O que nos parece, ainda, ser necessário à nutrição psicológica de Melodia é a abordagem da sua doença congênita de forma direta e franca, sem lamentos ou identificação de culpados.

# CONCLUSÃO

A compreensão do desenvolvimento emocional e social infantil, orientado pelos princípios da Gestalt-terapia, propõe que a criança cresce a partir de um *continuum* de transformações biológicas e psicossociais. Do ponto de vista biológico, é fundamental que os dentes sejam bem cuidados e que a criança receba — a partir do sexto mês de vida — alimentos orgânicos sólidos, para que exercite o uso de todas as funções dentais: cortar, rasgar e triturar. A ausência da prática mastigatória poderá, somada a outras condições existenciais e sociais, acarretar a preferência por alimentos moles e de fácil deglutição, bem como alguns comportamentos psicossociais de cunho reativo.

Perls (1975) sugeriu a analogia destes com os processos biológicos, isto é, seria necessária a mastigação das situações existenciais, desestruturando-as, para haver crescimento. Nossas investigações, realizadas nos anos de 2003 e 2004 com escolares de 7 a 10 anos, têm-nos permitido elaborar as categorias de metabolização e de nutrição psicológica para caracterizar a dinâmica do desenvolvimento emocional e social, bem como identificar algumas características dos alimentos psicológicos necessários para um crescimento feliz, criativo e auto-orientado. A metabolização e a nutrição psicológica são mediações do Eu que possibilitam à criança que se desenvolve:

- Identificar necessidades da fome, apetite e saciedade.
- Discriminar e desestruturar os alimentos nutritivos, satisfazendo às necessidades.
- Assimilar.
- Expelir resíduos.
- Identificar o poder organísmico.
- Reconhecer a subjetividade e a alteridade como instâncias independentes, porém relacionais.

O objetivo dessas ações do Eu é a formação criativa da auto-estima e do autoconceito. Pensamos que, ao conhecer o que provoca a fome emocional em crianças, os cuidadores familiares e os profissionais de saúde e educação estarão se habilitando a fornecer-lhes os nutrientes correspondentes à saciedade da figura: por exemplo, se a criança tem fome de amor, precisará ser alimentada com beijo, carinho, palavras amigas e de estímulo etc.

Hoje, quem responde pela nutrição psicológica da família não é exclusivamente a mãe, uma vez que o modelo nuclear não é mais exercido linearmente na classe "média"; os papéis sociais não são mais rígidos e outras formas de família são praticadas. Diversos atores alimentam a criança na formação dos suportes afetivos, instrucionais e axiológicos, sendo muito mais complexas as atenções solicitadas em virtude das pressões externas a que aquelas estão submetidas.

Sob o aspecto da nutrição orgânica, o cuidador precisa não se deixar pressionar pelas facilidades propostas pela indústria alimentar, que oferece uma quantidade e variedade de comidas prontas, congeladas, em porções individuais, moles, líquidas, que não exigem esforço na sua preparação e deglutição, causando desconhecimento dos ingredientes, além de reduzir a fronteira sensorial olfativa do cuidador, que não consegue identificar e reconhecer o aroma próprio de cada componente dos pratos.

Embora pais e mães precisem trabalhar fora de casa, é oportuno que possam administrar o tempo interno e cronológico, associando-o à mudança do discurso e suprimindo expressões como: "Não tenho tempo", "Estou cansado", "Menino, fala com a tua avó", "Pede para a Maria" etc., para estabelecer trocas afetivas com a criança, parando pelo menos um pouco a cada dia para escutar, tocar, sentir, perceber, abraçar, beijar, verificar cadernos escolares, contar histórias, escutar música, brincar, lanchar, passear, cozinhar, ir à feira e reconhecer ervas, verduras, raízes, galinha viva, vivenciando os respectivos cotidianos, em prol da nutrição psicológica mútua, afinal, criança precisa do amor dos pais e do amor entre seus pais.

Mesmo que mãe e pai recebam o apoio dos avós, de uma babá qualificada e de redes de solidariedade, é preciso lembrar sempre que é sua a tarefa de manejar o fio condutor da nutrição psicológica dos seus filhos, ensinando-os a realizar a metabolização psicológica e a digestão orgânica.

Dos casos que estudamos, *Quietinha* (caso 1) é a filha caçula que parece ser o sentido principal da vida dos pais. Essa forma de significar a criança nos sugere não contribuir em nada para o desenvolvimento emocional da menina, pois é uma atitude que provoca a manutenção da dependência.

Além das funções materna e paterna, os genitores precisam reintegrar às suas vidas outras funções: sexual, conjugal, profissional etc., que revitalizarão sentidos originais anteriores à vida conjugal e no momento estão no esquecimento.

O que a mãe de Quietinha apontou como autoritarismo compreendemos como sendo o significado de uma ação de resistência psicológica positiva da menina, que tenta abrir espaços para tornar-se independente, contudo é uma atitude restrita à comunidade da rua em que mora. Na escola, a ausência é perfeitamente adequada pelos limites do tamanho (a menina vem de uma pequena escola), da idade (é a mais nova da classe), e por estar, ainda, reconhecendo o campo, o lugar e as pessoas em quem poderá confiar. Do ponto de vista fisiológico, os alimentos que correspondem à nutrição orgânica não requerem esforço dos dentes da menina: mingau, peixe desfiado com pirão, pastel, refrigerante etc. são alimentos de fácil deglutição.

Na entrevista com a mãe de Quietinha pudemos perceber que há atenção e acompanhamento do desenvolvimento da filha. O que pareceu faltar a ela e aos outros genitores é um espaço permanente de diálogo para as dúvidas cotidianas sobre educação e limite de filhos; tempo e recursos materiais para o lazer em família. Tais dificuldades são comuns às famílias brasileiras e integram as conclusões de diversos pesquisadores na área das ciências sociais.

*Carinhoso* (caso 2) é uma criança que recebe informações de caráter pós-moderno na escola e na rua: meninos e meninas estudando e brincando juntos, permissão tácita para o selinho etc.; e de caráter tradicional em casa: menino é melhor que menina. Essas aparentes dissonâncias entre a casa, a escola e a rua criam no menino sentimentos e percepções ambíguas acerca dos papéis de mãe e de pai.

O menino considera a mãe autoritária e o pai bacana. Esses conceitos estão associados aos papéis assumidos por seus genitores. Além desse conflito, Carinhoso vivencia sentimentos de perdas: na escola, por ter sido reprovado no teste de adaptação de conhecimentos (o menino, que já havia cursado a segunda série fundamental, teve de repeti-la); na família, que já não tem casa, trabalho e dinheiro suficiente para o sustento do grupo.

O que destacamos do conjunto das informações de *Chefinha* (caso 3) é a importância que o alimento orgânico parece ter para a menina e para a sua mãe, diferentemente das outras crianças que participaram dessa pesquisa. A menina está sob dieta orientada pela mãe, embora não nos tenha parecido que Chefinha esteja, agora, preocupada com os quilos excedentes. Na percepção da mãe e da professora, a menina é considerada "doce e gostosa" — duas qualidades relacionadas aos doces, o que reitera nossa hipótese de que há mais na busca do prazer no alimento orgânico que a nutrição adequada ao crescimento.

No campo do desenvolvimento social, parece que Chefinha não é diretamente apelidada com os adjetivos pejorativos que as crianças adoram usar para atingir o colega não tão esbelto: baleia, elefanta, gorda, balão. Talvez isso se dê pela simpatia, doçura e ação ativa que a menina cultiva entre seus pares. Assim, os apelidos não pareceram uma fonte de pressão na auto-estima da menina.

Quanto a *Sapeca* (caso 4), o menino carrega a problemática e as fronteiras do primeiro filho, isto é, os genitores de primeira viagem, em geral jovens, inexperientes, filhos de uma geração marcada pela polaridade liberdade/autoritarismo: sob a influência da cultura da mudança instalada no país e ainda sob os respingos do contexto pós-ditadura militar e das marcas de uma educação baseada na hierarquia dos papéis familiares. A depoente foi a mãe do menino, que teme que o filho pense que pode controlá-la e fazê-la de "besta". Sua vivência é um exemplo da polaridade descrita.

Acreditamos que a nutrição psicológica de Sapeca e da sua mãe está marcada pelo controle e pelo temor do descontrole; portanto, ao incluir a abordagem das dificuldades de controle — intestinal do menino e afetivo da mãe —, ambos poderão se beneficiar em relação ao desenvolvimento emocional.

Sobre o desenvolvimento social, o menino, ao tomar conhecimento dos esforços da família para melhorar o padrão econômico e da situação dos vizinhos e dos colegas da escola, poderá ir fortalecendo a percepção integrada dos aspectos macros, minimizando a percepção que está centrada em captar nas figuras o detalhe (o que poderá ser um indicativo adoecido de um caráter obsessivo).

Em *Melodia* (caso 5), sua doença congênita repercute no seu desenvolvimento emocional, pois evoca uma agressividade de caráter anti-social. É muito importante que o menino não perca as qualidades de curiosidade, iniciativa e envolvimento com as situações das quais participa no meio. Contudo, como são expressas de modo desorganizado, parecem provocar danos no desenvolvimento social, pois os colegas e os adultos se afastam diante das explosões de raiva do menino.

A nutrição psicológica de Melodia requer uma atualização do descompasso entre as ações da mãe, que tende a superprotegê-lo, e as do pai, que tende a supercompensá-lo. Reconhecendo que não são culpados do nanismo, ambos permitirão que o menino expanda as fronteiras corporais sem temer novas doenças ao jogar futebol descalço ou ao tomar café, coisas das quais Melodia gosta.

Ao compreender (e aceitar) que a resposta ao tratamento hormonal é adequada, pois a maturação óssea (6 anos) é menor que a idade cronológica (10 anos), contribuirão para o desenvolvimento emocional e social do menino, pois permitirão um contato real com os limites da saúde e financeiros, sem que o pai precise se endividar para adquirir objetos para agradar o filho.[3]

Para finalizar, queremos observar, em relação às famílias estudadas, que:

- A nutrição psicológica saudável tem como alguns suportes a família estruturada e amorosa, o acompanhamento dos pais, passeios, brincadeiras.
- É importante reavaliar as conexões entre alimentos doces, prazer e crescimento físico.
- Desenvolvimento emocional e social saudável é fruto da equação amorosidade/aprendizagem de limites — e da ética cidadã.

Os casos que apresentamos permitiram observar apenas algumas das etapas descritas dos processos de metabolização e nutrição psicológica em ação. Hipotetizamos três razões para a não-realização processual e conjunta:

- Dificuldades psicológicas antigas (talvez oriundas da etapa de desenvolvimental infanto-juvenil) dos pais das crianças que geram informações ambíguas para estas.
- Divisão rígida dos papéis familiares de pai e de mãe, nos quais as tarefas de educar, tanto formal quanto informalmente, bem como orientar e dar limites, ainda são da mãe, o que indica que a família nuclear, mesmo quando deses-

---

3 É importante comentar que a mãe de Melodia já deu início a um processo de orientação na clínica-escola da UFPA.

truturada, como a de Carinhoso, é o modelo predominante nos casos estudados. Ao pai cabe o exercício das funções ora lúdicas — Carinhoso, Chefinha, Sapeca e Quietinha — ora disciplinadoras — Melodia.

- Falta de diálogo entre cuidadores e crianças, marcada pela prática do ouvir e do falar mútuos, sem que a criança seja regulada por uma concepção de relações hierarquizadas (superioridade do Outro *versus* inferioridade do Eu) ou por uma condescendência excessiva, que não lhe permite discernir os papéis sociais de pais e filhos praticados de modo autêntico.

As famílias de Melodia, Sapeca, Chefinha, Quietinha e Carinhoso são exemplos do modelo nuclear e revelam que o exercício das funções materna e paterna é indispensável para a nutrição psicológica, que garante o desenvolvimento emocional e social saudável.

As linguagens não-verbais que se destacaram nas relações das crianças, principalmente com as mães (nossa única informante), são de uma riqueza significativa para a vida emocional mútua — as mães parecem buscar estabelecer alianças emocionais com os seus filhos para a resolução de algumas carências.

Os meios usados foram a expressão direta da atitude que pede ao filho para revelar quem é o cuidador preferido, — como no caso de Carinhoso, de quem a mãe deseja comprar beijinhos; ou indireta, igual à da mãe de Chefinha, em que o controle da ingestão de doces pela menina a ajuda a manter-se, ela própria, longe das tentações açucaradas que a engordariam. Assim, limitando a menina, ela mantém o controle de si mesma. Como não possuímos conhecimento suficiente da metabolização e da nutrição psicológica da mãe de Chefinha, elaboramos as questões: "Qual será a fome dessa mãe?

Será que ela só está preparada para enfrentar situações prazerosas e agradáveis?"

Sapeca, por sua vez, ainda usa o cocô como meio de contato inadequado. O menino já sabe (cognitivamente) que o controle das fezes é importante e que a significação cultural delas é de resíduo dispensável para a nutrição orgânica, logo, precisa ser jogado fora. E assim o menino faz, só que nas cuecas. Por quê? Será uma forma de protestar, de fazer resistência psicológica, de dar mais trabalho à sua mãe ou continuar a receber tratamento destinado aos bebês?

A mãe de Sapeca nos pareceu que tem fome psicológica de receber o carinho que lhe foi negado em sua casa quando era criança. Chegamos a essa hipótese a partir de algumas de suas falas, como a que afirma que não vai ser feita de besta pelo filho. Ser besta significa não ser manipulada em nome do amor; então ela grita, reclama muito para mostrar-se sabida e disfarçar sua fome. Por isso dá menos amor do que gostaria e pode oferecer.

A tentativa de suicídio do menino descrita pela mãe não nos preocupou do ponto de vista de ser indicativa de uma ação reveladora de um transtorno mental grave que nos levasse a tomar medidas de vigiar. Contudo, procuramos realizar uma longa entrevista devolutiva com a mãe de Sapeca para identificar com ela algumas possíveis significações do gesto. Para ela, o filho queria chamar sua atenção. Pode ser. Entretanto, alertamos que é importante pai e mãe estarem perto para evitar que a agressividade positiva se transforme em auto-agressão, transtornos obsessivos ou agressão anti-social, e que as explicações pediátricas sobre as causas orgânicas do modo de Sapeca fazer cocô trazem conforto, mas não devem criar acomodação e descuido da nutrição psicológica.

Para finalizar, respondemos SIM à questão da pesquisa "Relações entre mastigação, alimentação e desenvolvimento emocional e social de crianças de 7 a 10 anos", isto é, consideramos que são inúmeras as relações; porém, para respondê-las, precisamos continuar investigando. Neste texto apresentaremos três:

1. A mastigação orgânica feita pelas crianças e adolescentes permite-lhes deglutir grandes pedaços por conta da funcionalidade do sistema digestivo (Silva Netto, 2003), o que difere da metabolização (mastigação) psicológica: é muito mais lento e difícil digerir grandes quantidades de acusações, desconsideração, desatenção etc. Assim, compreendemos que o isomorfismo, categoria da psicologia da Gestalt usada na teoria da forma — Kohler (1920, *apud* Piéron, 1987: 298) —, que foi absorvida em Perls (1975) para descrever o pensamento embrionário sobre o desenvolvimento, NÃO serve como parâmetro linear de comparação entre processos orgânicos e processos psicológicos se tomarmos como referência a definição de isomorfismo elaborada por Kohler:

> Tese de que existe uma correspondência estrutural completa entre os campos físicos, o campo nervoso polissináptico, o campo perceptivo (e até mesmo o campo das operações de ordem intelectual, segundo certos Gestaltistas). Assim sendo, o isomorfismo define-se pela identidade das leis do equilíbrio que regulam esses diferentes campos e constituíram, precisamente, as leis da forma.

Se considerarmos a definição ampla, fora do sentido matemático que designa como isomorfismo "o modo geral, a correspondência entre duas ou mais situações, comportamentos ou processos característicos pela mesma estrutura" (Piéron, 1987: 298); ou a piagetiana, que "refere-se a isomorfismos parciais para designar, nas mesmas condições, analogias menos completas ou menos fortes" (*ibidem*), poderemos continuar usando o conceito e, por meio de pesquisas de campo, identificar as associações não lineares entre os processos orgânicos e psicológicos de mastigação e deglutição dos alimentos.

2. A categoria nutrição psicológica, que se realiza por meio da metabolização psicológica elaborada com base na definição piagetiana, pode ser uma contribuição conceitual para aprimorarmos o embrião das teses de Perls (1975).

3. A importância da abordagem multiprofissional em saúde. A temática das relações entre mastigação, alimentação e desenvolvimento emocional e social se localiza num campo de interfaces entre a psicologia, a odontologia e a nutrição, cujas contribuições permitem esclarecer algumas relações entre os processos orgânicos e psicológicos.

Os perfis de personalidade delineados em Perls (1975) descrevem relações entre o desenvolvimento emocional e social e as características das sociedades capitalistas que recorrem à tecnologia e ao dinheiro para oferecer "facilidades" de toda ordem aos cuidadores e às crianças, contudo também limitam as fronteiras da expressividade e da criação. Dimensionar em um quadro atual a feição da cultura e os modos de subjetivação das crianças, dos pais e das famílias contribuirá para encontrarmos mais relações entre mastigação, alimentação e desenvolvimento emocional e social saudável.

# REFERÊNCIAS BIBLIOGRÁFICAS

AMATUZZI, Mauro Martins. *O resgate da fala autêntica*. Campinas: Papirus, 1989.

AXLINE, Virginia. *Ludoterapia*. Belo Horizonte: Interlivros, 1984.

BAL, M. B. "Da revolta contra os pais à revolta dos pais". In: ARAÚJO, José N. G. de; SOUKI, Lea Guimarães; FARIA, Carlos A. P. de (orgs.). *Figura paterna e ordem social*. Belo Horizonte: PUC Minas & Autêntica, 2001.

BEE, H. *A criança em desenvolvimento*. Porto Alegre: Artes Médicas, 1996.

BELLAK, L.; BELLAK, S. S. *CAT — Teste de apercepção infantil com figuras humanas*. Campinas: Psy, 1992.

BELTRÃO, P. C. *Sociologia da família contemporânea*. Petrópolis: Vozes, 1973.

CALIL, V. L. L. *Terapia familiar e de casal*. São Paulo: Summus, 1987. Novas Buscas em Psicoterapia, v. 31.

CARVALHO, M. do C. B. de (org.). *A família contemporânea em debate*. São Paulo: Cortez/Educ, 2000.

CORRÊA, Maria Salete N. P.; BEGOSSO, Marina P.; NASSIF, Alessandra Cristina da S. "Perimolise, anorexia e bulimia: aspectos clínicos e psicológicos". In: CORRÊA, Maria Salete Nahás Pires (org.). *Atendimento odontopediátrico: aspectos psicológicos*. São Paulo: Livraria Santos Editora, 2002.

FEIJOO, Ana Maria Lopez Calvo de. "Aspectos teórico-práticos na ludoterapia". *Fenômeno Psi — IFEN*, Rio de Janeiro, 1996.

FERNANDES, M. B. "Gestalt e crianças: crescimento". *Revista de Gestalt*, Instituto Sedes Sapientiae, n. 4, 1995.

FERREIRA, Aurélio Buarque de Holanda. *Minidicionário da língua portuguesa*. Rio de Janeiro: Nova Fronteira, 1977.

FONSECA, Claudia. "Família e crianças: leis e mediadores na sociedade de classes". In: DORA, Denise Dourado (org.). *Feminino e masculino: igualdade e diferença na justiça*. Porto Alegre: Sulina, 1997.

FREW, J. "A child's apprentice". *The Gestalt Journal*, v. XIII, n. II, 1990, p. 64-71.

_____. "The functions and patterns of occurrence on individual contact styles during the development phases of the Gestalt groups". *The Gestalt Journal*, v. IX, n. I, p. 55-70.

GINOTT, Haim G. *Psicoterapia de grupo para criança*. Belo Horizonte: Interlivros, 1974.

GUIMARÃES, Claudia. "Um estudo de caso: do psicodiagnóstico à psicoterapia infantil — Ludoterapia". *Fenômeno Psi — IFEN*, Rio de Janeiro, 1996.

KERNER, E. "Gestalt group process". In: FEDER, B.; RONNAL, B. *Beyond the hot seat: Gestalt approach to groups*. Nova York: Brunner/Mazel 1980.

LEITE, I. C. G. et al. "Relação da amamentação com o desenvolvimento do sistema estomagnomático". *Jornal Brasileiro de Fonoaudiologia*, Curitiba, v. 3, n. 23, out./dez. 2002.

LIEVEGOED, B. C. J. *Desvendando o crescimento: as fases evolutivas da infância e da adolescência*. São Paulo: Antroposófica, 1994.

LUDKE, Menga. *Pesquisa em educação: abordagens qualitativas*. São Paulo: EPU, 1986.

MARSHALL, Klauss. *O surpreendente recém-nascido*. Porto Alegre: Artes Médicas, 1989.

NOLASCO, Sócrates. *O mito da masculinidade*. Rio de Janeiro, Rocco, 1993.

OAKLANDER, Violet. *Descobrindo crianças: a abordagem gestáltica com crianças e adolescentes*. São Paulo: Summus, 1980. Novas Buscas em Psicoterapia, v. 12.

PAPALIA, Diane E.; OLDS, Sally. *Desenvolvimento humano*. Porto Alegre: Artes Médicas Sul, 2000.

PEDROSO, Janari da Silva. *Famílias no Vale do Rio Jari: dinâmicas, mudanças e acomodações*. Belém, 2003. Tese (Doutorado) — Programa de Pós-graduação Interdisciplinar em Desenvolvimento Sustentável do Trópico Úmido, Universidade Federal do Pará (PA).

PEREIRA, Lúcia Serrano. "A conjugalidade nos anos 90". In: DORA, Denise Dourado (org.). *Feminino e masculino: igualdade e diferença na justiça*. Porto Alegre: Sulina, 1997.

PERLS, Frederick Salomón. *Yo, hambre y agresión*. México: Fóndo de Cultura, 1975. [Edição brasileira: *Ego, fome e agressão*. São Paulo: Summus, 2002.]

_____. *Gestalt-terapia*. São Paulo: Summus, 1997.

PFROMM NETO, Samuel. *Psiquiatria infantil operativa*. Porto Alegre: Artes Médicas, 1992.

PIAGET, J. *A equilibração das estruturas cognitivas: problema central do desenvolvimento*. Rio de Janeiro: Zahar, 1976.

PICCININI, César A. et. al. "Interação precoce mãe — bebê: perspectivas de intervenção para a promoção do desenvolvimento infantil". *Psicologia, Reflexão e Crítica*, Porto Alegre, v. 8, n. 1, 1995.

PIÉRON, Henri. *Dicionário de psicologia*. 7. ed. Rio de Janeiro: Globo, 1987.

PIMENTEL, Adelma. *Psicodiagnóstico em Gestalt-terapia*. São Paulo: Summus, 2003.

_____. *Projeto de pesquisa: relações entre mastigação, alimentação e desenvolvimento social e emocional*. Belém: UFPA/Nufen, 2003.

PIMENTEL, Adelma; PEDROSO, Janari. "Relações entre a mastigação, alimentação e desenvolvimento emocional infantil". *Revista Paulista de Odontologia*, ano XXVI, n. 2, mar./abr. 2004.

RIBBLE, Margaret A. *Os direitos da criança: as necessidades psicológicas iniciais e sua satisfação*. Rio de Janeiro: Imago, 1975.

RYAD, Simon. *Introdução à psicanálise: Melanie Klein*. São Paulo: EPU, 1986.

SILVA NETTO, Cincinato Rodrigues. *Deglutição: na criança, no adulto e no idoso — Fundamentos para odontologia e fonoaudiologia*. São Paulo: Lovise, 2003.

TOLEDO, Orlando A. "Crescimento e desenvolvimento: noções de interesse odontopediátrico". In: SANTOS, Maria S. N. P. (org.). *Atendimento odontopediátrico: aspectos psicológicos*. São Paulo: Livraria Santos Editora, 2002.

TRIVINOS, Augusto Nibaldo Silva. *Introdução à pesquisa em ciências sociais: a pesquisa qualitativa em educação*. São Paulo: Atlas, 1987.

TUNESSEN JUNIOR, Walter W. *Sinais e sintomas em pediatria: tópicos gerais*. São Paulo: Harbra, 1993.

TURATO, Egberto. *Tratado da metodologia da pesquisa clínico-qualitativa: construção teórico-epistemológica, discussão comparada e aplicação nas áreas da saúde e humanas*. Petrópolis: Vozes, 2003.

WENDLAND-CARRO, Jaqueline; PICCININI, Cesar A. "Interação precoce mãe–bebê: perspectivas de intervenção para a promoção do desenvolvimento infantil". *Psicologia, Reflexão e Crítica*, Porto Alegre, v. 8, n. 1, 1995.

WINNICOTT, D. W. *A criança e o seu mundo*. Rio de Janeiro: Zahar, 1975.

YEHIA, Gohara Yvette. *Psicodiagnóstico fenomenológico-existencial: espaço de participação e mudança*. São Paulo, 1994. Tese (Doutorado) — Pontifícia Universidade Católica de São Paulo (SP).

YONTEF, Gary. *Processo, diálogo e awareness*. São Paulo: Summus, 1998.

ZANELLA, Rosana. *Contra-atuando com figura e fundo: uma contribuição à psicoterapia de grupo infantil na abordagem gesltáltica em psicoterapia*. São Bernardo do Campo, 1992. Dissertação (Mestrado) — Instituto Metodista de Ensino Superior.

Sou uma mulher que planta. Ao semear pessoas, colho amigos que contribuem para que minha formação frutifique, o que vem ocorrendo desde a graduação, a especialização em Psicologia Clínica e o mestrado em Educação: Políticas Públicas, realizados na Universidade Federal do Pará, até o doutoramento, que fiz na Pontifícia Universidade Católica de São Paulo.

Hoje, dedico-me à pesquisa da subjetividade infantil, desenvolvendo uma linha investigativa denominada "Clínica e laboratório de psicologia da nutrição e nutrição psicológica".

Publiquei vários artigos, inclusive um texto na revista do Sindicato Paulista de Odontologia que discute as relações entre mastigação, alimentação e perfis psicológicos.

Sou consultora da revista eletrônica do Instituto de Treinamento e Pesquisa em Gestalt-terapia de Goaiânia (ITGT) e editora da revista do Núcleo de Pesquisas Fenomenológicas e Práticas Clínicas (Nufen), em parceria com a UFPA.

No momento sou professora adjunta da UFPA, no Departamento de Psicologia Clínica, além de pesquisadora e supervisora de estágio em Gestalt-terapia, especializando-me em Desenvolvimento Infantil pela Universidade do Estado do Pará, local em que também coordeno um curso de especialização em Educação e Sexualidade.

Além do *Psicodiagnóstico* em *Gestalt-terapia*, publicado pela Summus Editorial, sou autora de *Discurso docente: análise fenomenológica do discurso*, editado pelo Nufen.

Site: http://www.cultura.ufpa.br/adelmapi

www.gruposummus.com.br